A Revision of the Treaty
•1922•

约翰·梅纳德·凯恩斯文集
JOHN MAYNARD KEYNES

条约的修正

[英]约翰·梅纳德·凯恩斯 著

李井奎 译

复旦大学出版社

目录

001 / 　**中文版总序**
001 / 　**绪言**

001 / 　第一章　舆论的现状
007 / 　第二章　从《凡尔赛和约》的赔款条款到第二次伦敦最后通牒
044 / 　第三章　伦敦和解方案中的重点
072 / 　第四章　赔款清单
098 / 　第五章　抚恤金要求的合法性
112 / 　第六章　赔款、协约国内部债务和国际贸易
123 / 　第七章　条约的修正和欧洲事务的处理

141 / 　**附录文件**
171 / 　**索引**
177 / 　**译者跋**

中文版总序

约翰·梅纳德·凯恩斯(John Maynard Keynes, 1883—1946)是20世纪上半叶英国最杰出的经济学家和现代经济学理论的创新者,也是世界公认的20世纪最有影响的经济学家。凯恩斯因开创了现代经济学的"凯恩斯革命"而称著于世,被后人称为"宏观经济学之父"。凯恩斯不但对现代经济学理论的发展做出了许多原创性的贡献,也对二战后世界各国政府的经济政策的制定产生了巨大而深远的影响。他逝世50多年后,在1998年的美国经济学会年会上,经过150名经济学家的投票,凯恩斯被评为20世纪最有影响力的经济学家(芝加哥学派的经济学家米尔顿·弗里德曼则排名第二)。

为了在中文语境里方便人们研究凯恩斯的思想,由李井奎教授翻译了这套《约翰·梅纳德·凯恩斯文集》。作为这套《约翰·梅纳德·凯恩斯文集》中文版的总序,这里不评述凯恩斯的经济学思想和理论,而只是结合凯恩斯的生平简略地介绍一下他的著作写作过程,随后回顾一下中文版的凯恩斯的著作和思想传播及翻译过程,最后略谈一下翻译这套《约翰·梅纳德·凯恩斯文集》的意义。

一

1883年6月5日,约翰·梅纳德·凯恩斯出生于英格兰的剑桥郡。凯恩斯的父亲约翰·内维尔·凯恩斯(John Neville Keynes, 1852—1949)是剑桥大学的一位经济学家,曾出版过《政治经济学的范围与方法》(1891)一书。

凯恩斯的母亲佛洛伦丝·艾达·凯恩斯（Florence Ada Keynes，1861—1958）也是剑桥大学的毕业生，曾在20世纪30年代做过剑桥市的市长。1897年9月，年幼的凯恩斯以优异的成绩进入伊顿公学（Eton College），主修数学。1902年，凯恩斯从伊顿公学毕业后，获得数学及古典文学奖学金，进入剑桥大学国王学院（King's College）学习。1905年毕业后，凯恩斯获剑桥文学硕士学位。毕业后，凯恩斯又留剑桥一年，师从马歇尔和庇古学习经济学，并准备英国的文官考试。

1906年，凯恩斯以第二名的成绩通过了文官考试，入职英国政府的印度事务部。在其任职期间，凯恩斯撰写了他的第一部经济学著作《印度的通货与金融》（Indian Currency and Finance，1913）。

1908年凯恩斯辞去印度事务部的职务，回到剑桥大学任经济学讲师，至1915年。他在剑桥大学所讲授的部分课程的讲稿被保存了下来，收录于英文版的《凯恩斯全集》（The Collected Writings of John Maynard Keynes，London：Macmillan，1971—1983）第12卷。

在剑桥任教期间，1909年凯恩斯以一篇讨论概率论的论文入选剑桥大学国王学院院士，而另以一篇关于指数的论文曾获亚当·斯密奖。凯恩斯的这篇概率论的论文之后稍经补充，于1921年以《概率论》（A Treatise on Probability）为书名出版。这部著作至今仍被认为是这一领域中极具开拓性的著作。

第一次世界大战爆发不久，凯恩斯离开了剑桥，到英国财政部工作。1919年初，凯恩斯作为英国财政部的首席代表出席巴黎和会。同年6月，由于对巴黎和会要签订的《凡尔赛和约》中有关德国战败赔偿及其疆界方面的苛刻条款强烈不满，凯恩斯辞去了英国谈判代表团中首席代表的职务，重回剑桥大学任教。随后，凯恩斯撰写并出版了《和平的经济后果》（The Economic Consequences of the Peace，1919）一书。在这部著作中，凯恩斯严厉批评了《凡尔赛和约》，其中也包含一些经济学的论述，如对失业、通货膨胀和贸易失衡问题的讨论。这实际上为凯恩斯在之后研究就业、利息和货币问题埋下了伏笔。这部著作随后被翻译成多种文字,使凯恩斯本人顷刻之间成了世界名人。自此以后,"在两次世界大战之间英国出现的一些经济问题上,更确切地说,在整个西方世界面临的所有重大经济问题上,都能听到凯恩斯的声音,于是他成了一个国际性的人物"(Partinkin, 2008, p.687)。这一时期,凯恩斯在剑桥大学任教的同时,撰写了大量经济学的文章。

1923年,凯恩斯出版了《货币改革论》(*A Tract on Monetary Reform*, 1923)。在这本书中,凯恩斯分析了货币价值的变化对经济社会的影响,提出在法定货币出现后,货币贬值实际上有一种政府征税的效应。凯恩斯还分析了通货膨胀和通货紧缩对投资者和社会各阶层的影响,讨论了货币购买力不稳定所造成的恶果以及政府财政紧缩所产生的社会福利影响。在这本著作中,凯恩斯还提出了他自己基于剑桥方程而修改的货币数量论,分析了一种货币的平价购买力,及其与汇率的关系,最后提出政府货币政策的目标应该是保持币值的稳定。凯恩斯还明确指出,虽然通货膨胀和通货紧缩都有不公平的效应,但在一定情况下通货紧缩比通货膨胀更坏。在这本书中,凯恩斯还明确表示反对在一战前的水平上恢复金本位制,而主张实行政府人为管理的货币,以保证稳定的国内物价水平。

1925年,凯恩斯与俄国芭蕾舞演员莉迪亚·洛波科娃(Lydia Lopokowa, 1892—1981)结婚,婚后的两人美满幸福,但没有子嗣。

《货币改革论》出版不到一年,凯恩斯就开始撰写他的两卷本的著作《货币论》(*A Treatise on Money*, 1930)。这部著作凯恩斯断断续续地写了5年多,到1930年12月才由英国的麦克米兰出版社出版。与《货币改革论》主要是关心现行政策有所不同,《货币论》则是一本纯货币理论的著作。"从传统的学术观点来看,《货币论》确实是凯恩斯最雄心勃勃和最看重的一部著作。这部著作分为'货币的纯理论'和'货币的应用理论'上下两卷,旨在使他自己能获得与他在公共事务中已经获得的声誉相匹配的学术声誉。"

(Partinkin, 2008, p.689) 该书出版后, 凯恩斯在 1936 年 6 月 "哈里斯基金会" 所做的一场题为 "论失业的经济分析" 讲演中, 宣称 "这本书就是我要向你们展示的秘密——一把科学地解释繁荣与衰退(以及其他我应该阐明的现象)的钥匙"(Keynes, 1971—1983, vol.13, p.354)。但是凯恩斯的希望落了空。这部书一出版, 就受到了丹尼斯·罗伯逊 (Dennis Robertson)、哈耶克 (F. A. von Hayek) 和冈纳·缪尔达尔 (Gunnar Myrdal) 等经济学家的尖锐批评。这些批评促使凯恩斯在《货币论》出版后不久就开始着手撰写另一本新书, 这本书就是后来的著名的《就业、利息和货币通论》(Keynes, 1936)。

实际上, 在这一时期, 由于凯恩斯广泛参与了英国政府的经济政策的制定和各种公共活动, 发表了多次讲演, 在 1931 年凯恩斯出版了一部《劝说集》(*Essays in Persuasion*, 1931), 其中荟集了著名的凯恩斯关于 "丘吉尔先生政策的经济后果" (The Economic Consequence of Mr Churchill, 1923)、"自由放任的终结" (The End of Laissez-faire, 1926) 等小册子、论文和讲演稿。1933 年, 凯恩斯出版了《通往繁荣之道》(*The Means to Prosperity*, 1933), 同年还出版了一本有关几个经济学家学术生平的《传记文集》(*Essays in Biography*, 1933)。

在极其繁忙的剑桥的教学和财务管理工作、《经济学杂志》的主编工作及广泛的社会公共事务等等活动间歇, 凯恩斯在 1934 年底完成了《就业、利息和货币通论》(《通论》) 的初稿。经过反复修改和广泛征求经济学家同行们的批评意见和建议后完稿, 于 1936 年 1 月由英国麦克米兰出版社出版。在《通论》中, 凯恩斯创造了许多经济学的新概念, 如总供给、总需求、有效需求、流动性偏好、边际消费倾向、乘数、预期收益、资本边际效率、充分就业, 等等, 运用这些新的概念和总量分析方法, 凯恩斯阐述了在现代市场经济中收入和就业波动之间的关系。他认为, 按照古典经济学的市场法则, 通过供给自行创造需求来实现市场自动调节的充分就业是不可能的。因为社会的就业量决定于有效需求的大小，后者由三个基本心理因素与货币量决定。这三个基本心理因素是：消费倾向，对资本资产未来收益的预期，对货币的流动偏好（用货币形式保持自己收入或财富的心理动机）。结果，消费增长往往赶不上收入的增长，储蓄在收入中所占的比重增大，这就引起消费需求不足。对资本资产未来收益的预期决定了资本边际效率，企业家对预期的信心不足往往会造成投资不足。流动偏好和货币数量决定利率。利息率高，会对投资产生不利影响，也自然会造成投资不足。结果，社会就业量在未达到充分就业之前就停止增加了，从而出现大量失业。凯恩斯在就业、利息和货币的一般理论分析基础上所得出的政策结论就是，应该放弃市场的自由放任原则，增加货币供给，降低利率以刺激消费，增加投资，从而保证社会有足够的有效需求，实现充分就业。这样，与古典经济学家和马歇尔的新古典经济学的理论分析有所不同，凯恩斯实际上开创了经济学的总量分析。凯恩斯也因之被称为"宏观经济学之父"。实际上，凯恩斯自己也更加看重这本著作。在广为引用的凯恩斯于 1935 年 1 月 1 日写给萧伯纳（George Bernard Shaw）的信中，在谈到他基本上完成了《就业、利息和货币通论》这部著作时，凯恩斯说："我相信自己正在撰写一本颇具革命性的经济理论的书，我不敢说这本书立即——但在未来 10 年中，将会在很大程度上改变全世界思考经济问题的方式。当我的崭新理论被人们所充分接受并与政治、情感和激情相结合，它对行动和事务所产生的影响的最后结果如何，我是难以预计的。但是肯定将会产生一个巨变……"（转引自 Harrod, 1950, p.545）诚如凯恩斯本人所预期到的，这本书出版后，确实引发了经济学中的一场革命，这在后来被学界广泛称为"凯恩斯革命"。正如保罗·萨缪尔森在他的著名的《经济学》（第 10 版）中所言："新古典经济学的弱点在于它缺乏一个成熟的宏观经济学来与它过分成熟的微观经济学相适应。终于随着大萧条的出现而有了新的突破，约翰·梅纳德·凯恩斯出版了《就业、利息和货币通论》（1936）。从此以后，经济学就不再是以前的经济学了。"（Samuelson, 1976, p.845）

在《通论》出版之后，凯恩斯立即成为在全世界有巨大影响的经济学家，他本人也实际上成了一位英国的杰出政治家（statesman）。1940 年，凯恩斯重新回到了英国财政部，担任财政部的顾问，参与二战时期英国政府一些财政、金融和货币问题的决策。自《通论》出版后到第二次世界大战期间，凯恩斯曾做过许多讲演，这一时期的讲演和论文，汇集成了一本名为《如何筹措战费》（*How to Pay for the War*, 1940）的小册子。1940 年 2 月，在凯恩斯的倡议下，英国政府开始编制国民收入统计，使国家经济政策的制定有了必要的工具。因为凯恩斯在经济学理论和英国政府经济政策制定方面的巨大贡献，加上长期担任《经济学杂志》主编和英国皇家经济学会会长，1929 年他被选为英国科学院院士，并于 1942 年被英国国王乔治六世（George VI）晋封为勋爵。

自从 1940 年回到英国财政部，凯恩斯还多次作为英国政府的特使和专家代表去美国进行谈判并参加各种会议。1944 年 7 月，凯恩斯率英国政府代表团出席布雷顿森林会议，并成为国际货币基金组织和国际复兴与开发银行（后来的世界银行）的英国理事，在 1946 年 3 月召开的这两个组织的第一次会议上，凯恩斯当选为世界银行第一任总裁。

这一时期，凯恩斯除了继续担任《经济学杂志》的主编外，还大量参与英国政府的宏观经济政策的制定和社会公共活动。极其紧张的生活和工作节奏，以及代表英国在国际上的艰苦的谈判，开始损害凯恩斯的健康。从 1943 年秋天开始，凯恩斯的身体健康开始走下坡路。到 1945 年从美国谈判回来后，凯恩斯已经疲惫不堪，处于半死不活的状态（Skidelsky, 2003, part 7）。1946 年 4 月 21 日，凯恩斯因心脏病突发在萨塞克斯（Sussex）家中逝世。凯恩斯逝世后，英国《泰晤士报》为凯恩斯所撰写的讣告中说："要想找到一位在影响上能与之相比的经济学家，我们必须上溯到亚当·斯密。"连长期与凯恩斯进行理论论战的学术对手哈耶克在悼念凯恩斯的文章中也写道："他是我认识的一位真正的伟人，我对他的敬仰是无止境的。这个世界没有他将变得更糟糕。"(Skidelsky, 2003, p.833)半个多世纪后,凯恩斯传记的权威作者罗伯特·斯基德尔斯基在其1 000多页的《凯恩斯传》的最后说:"思想不会很快随风飘去,只要这个世界需要,凯恩斯的思想就会一直存在下去。"(同上,p.853)

二

1929—1933年,西方世界陷入了有史以来最为严重的经济危机。面对这场突如其来的大萧条,主要西方国家纷纷放弃了原有自由市场经济的传统政策,政府开始以各种形式干预经济运行,乃至对经济实施管制。当时,世界上出现了德国和意大利的法西斯主义统制经济及美国罗斯福新政等多种国家干预经济的形式。第二次世界大战期间,许多西方国家按照凯恩斯经济理论制定和实施了一系列国家干预的政策和措施。凯恩斯的经济理论随即在世界范围内得到广泛传播。这一时期的中国,正处在南京国民政府的统治之下。民国时期的中国经济也同样受到了世界经济大萧条的冲击。在这样的背景之下,中国的经济学家开始介绍凯恩斯的经济理论,凯恩斯的一些著作开始被翻译和介绍到中国。从目前来看,最早将凯恩斯的著作翻译成中文的是杭立武,他翻译的《自由放任的终结》(书名被翻译为《放任主义告终论》,凯恩斯也被译作"坎恩斯"),1930年由北京一家出版社出版。凯恩斯1940年出版的小册子《如何筹措战费》,也很快被翻译成中文,由殷锡琪和曾鲁两位译者翻译,由中国农民银行经济研究处1941年出版印行。在民国时期,尽管国内有许多经济学家如杨端六、卢逢清、王烈望、刘觉民、陈国庆、李权时、陈岱孙、马寅初、巫宝三、杭立武、姚庆三、徐毓枬、滕茂桐、唐庆永、樊弘、罗蘋苏、胡代光、刘涤源和雍文远等人,都用中文介绍了凯恩斯的经济学理论,包括他的货币理论和财政理论,但由于凯恩斯的货币经济学著作极其艰涩难懂,他的主要经济学著作在民国时期并没有被翻译成中文。这一时期,凯恩斯的经济学理论也受到一些中国经济学家的批评和商榷,如哈耶克的弟子、时任北京大学经济学教授的蒋硕杰,等等。

在中文语境下,最早完成凯恩斯《通论》翻译的是徐毓枬。徐毓枬曾在剑桥大学攻读经济学博士,还听过凯恩斯的课。从剑桥回国后,徐毓枬在中国的高校中讲授过凯恩斯的经济学理论。实际上,早在1948年徐毓枬就完成了《通论》的翻译,但经过各种波折,直到1957年才由三联书店出版。后来,徐毓枬翻译的凯恩斯的《通论》中译本也被收入商务印书馆的"汉译世界学术名著丛书"(见宋丽智、邹进文,2015,第133页)。1999年,高鸿业教授重译了凯恩斯的《通论》,目前是在国内引用最多和最权威的译本。2007年南海出版公司曾出版了李欣全翻译的《通论》,但在国内并不是很流行。1962年,商务印书馆出版过由蔡受百翻译的凯恩斯的《劝说集》。凯恩斯的《货币论》到1997年才被完整地翻译为中文,上卷的译者是何瑞英(1986年出版),下卷则由蔡谦、范定九和王祖廉三位译者翻译,刘涤源先生则为之写了一个中译本序言,后来,这套中译本也被收入商务印书馆的"汉译世界学术名著丛书"。2008年,陕西师范大学出版社出版了凯恩斯《货币论》另一个汉译本,上卷由周辉翻译,下卷由刘志军翻译。凯恩斯的《和约的经济后果》由张军和贾晓屹两位译者翻译成中文,由华夏出版社2008年出版。凯恩斯的《印度的货币与金融》则由安佳翻译成中文,由商务印书馆2013年出版。凯恩斯的《货币改革论》这本小册子,多年一直没见到甚好的中译本,直到2000年,才由改革出版社出版了一套由李春荣和崔铁醴编辑翻译的《凯恩斯文集》上中下卷,上卷中包含凯恩斯的《货币改革论》的短篇,由王利娜、陈丽青和李晶翻译。到2013年,中国社会科学出版社重新出版了这套《凯恩斯文集》,分为上、中、下三卷,由李春荣和崔人元主持编译。

三

尽管凯恩斯是20世纪最有影响力的经济学家,但是,由于其经济学理论尤其难懂且前后理论观点多变,英语语言又极其优美和灵活,加上各种各样的社会原因,到目前为止,英文版的30卷《凯恩斯全集》还没有被翻译成中文。鉴于这种状况,李井奎教授从2010年之后就致力于系统地翻译凯恩斯的主要著作,先后翻译出版了《劝说集》(2016)、《通往繁荣之路》(2016)、《〈凡尔赛和约〉的经济后果》(2017)、《货币改革略论》(2017)。这些译本将陆续重新收集在本套丛书中,加上李井奎教授重译的凯恩斯的《货币论》《印度的通货与金融》《就业、利息和货币通论》,以及新译的《论概率》《传记文集》等,合起来就构成这套完整的《约翰·梅纳德·凯恩斯文集》。这样,实际上凯恩斯出版过的主要著作绝大部分都将被翻译成中文。

自1978年改革开放以来,中国开启了从中央计划经济向市场经济的制度转型。到目前为止,中国已经基本形成了一个现代市场经济体制。在中国市场化改革的过程中,1993年中国的国民经济核算体系已经从苏联、东欧计划经济国家采用的物质产品平衡表体系(简称MPS)的"社会总产值",转变为西方成熟市场经济体制国家采用的国民经济统计体系,简称SNA核算,从而国内生产总值(GDP)已成了中国国民经济核算的核心指标,也就与世界各国的国民经济核算体系接轨了。随之,中国政府的宏观经济管理包括总需求、总供给、CPI,货币、金融、财政和汇率政策,也基本上完全与现代市场经济国家接轨了。这样一来,实际上指导中国整个国家的经济运行的经济理论也不再是古典经济学理论和斯大林的计划经济理论了。

现代的经济学理论,尤其是宏观经济学理论,在很大程度上可以说是由凯恩斯所开创的经济学理论。但是,由于一些经济学流派实际上并不认同凯恩斯的经济学理论,在国际和国内仍然常常出现一些对凯恩斯经济学的商榷和批判,尤其是凯恩斯经济学所主张的政府对市场经济过程的干预(实际上世界各国政府都在这样做),为一些学派的经济学家所诟病。更为甚者,一些经济学人实际上并没有认真读过凯恩斯的经济学原著,就对凯恩斯本人及其经济学理论(与各种各样的凯恩斯主义经济学有区别,英文为"Keynesian economics")进行各种各样的批判,实际上在许多方面误读了凯恩斯原本的经济学理论和主张。在此情况下,系统地把凯恩斯的主要著作由英文翻译成中文,以给中文读者一个较为容易理解和可信的文本,对全面、系统和较精确地理解凯恩斯本人的经济学理论,乃至对未来中国的理论经济学的发展和经济改革的推进,都有着深远的理论与现实意义。

是为这套《约翰·梅纳德·凯恩斯文集》的总序。

韦 森

2020 年 7 月 5 日谨识于复旦大学

参考文献

Harrod, Roy, F., 1951, *The Life of John Maynard Keynes*, London: Macmillan.

Keynes, John Maynard, 1971-1983, *The Collective Writings of John Maynard Keynes*, 30 vols., eds. by Elizabeth S. Johnson, Donald E., Moggridge for the Royal Economic Society, London: Macmillan.

Partinkin, Don, 2008, "Keynes, John Maynard", in Steven N. Durlauf & Lawrence E. Blume eds., *The New Palgrave Dictionary of Economics*, 2nd ed., London: Macmillan, vol.4, pp.687-717.

Samuelson, Paul A., 1976, *Economics*, 10th ed., New York: McGraw-Hill.

Skidelsky, Robert, 2003, *John Maynard Keynes 1883-1946*, *Economist*, *Philosopher*, *Statesman*, London: Penguin Book.

宋丽智、邹进文:《凯恩斯经济思想在近代中国的传播与影响》,《近代史研究》,2015 年第 1 期,第 126—138 页。

绪　言

《〈凡尔赛和约〉的经济后果》一书出版于1919年12月,之后曾多次印刷,一直未作订正和修改。从出版到今天,时移势易,再去修订原书已不相宜。因此,我觉得最好还是把那本书保持原来的样子不变,而在这本续篇中,将那些因情势移易而需做出的内容上的修改和增添,连同我对目前事态的思考,一并辑录于此。

不过,本书严格说来只能算是一本续书,我甚至认为这不过是前书的一份附录而已。对于那些基本的议题,我皆仍持旧议。两年前我所提出的那些补救措施,如今已是众所周知的老生常谈,我也没有新的惊人之语可以添缀。在这本书里,我的目标非常简单,不过是想对赔款问题的认知提供些事实和材料,仅此而已。

"这个森林里最棒的事情,"克里蒙梭先生在他位于旺代的松林中说道,"就是在这里基本上没有什么机会碰到劳合·乔治或威尔逊总统。这里,除了松鼠,什么也碰不到。"我希望这番话用在本书上,也一样合适。

J.M.凯恩斯

剑桥大学国王学院

1921年12月

第一章 舆论的现状

现如今政治家们的执政法门,就是先附和民众的要求,他们的主张和所作所为与民众的要求亦步亦趋,他们相信,愚言背后的愚行,不久自然大白于世,待到事态有了转变,再俟机而动,明修栈道,暗度陈仓,悄然回到比较明智的政策上来——这正是蒙台梭利[1]的儿童教学法,而公众,在他们眼里,就是儿童。政治家们的言行,若颇乖谬于这个儿童的意愿,那他们很快就得把位置让给孩子的老师们了。因此,对于这个孩子希望碰触的激情之美,弄坏的玩具所发出的刺耳之音,不但要加以赞赏,还要鼓励他们继续如此这般地干下去;然而,暗地里则时刻提防,坐待明智而仁慈的救世者降临人间,一旦时机来临,就蓦然转向,及时地恢复其原本的理智,而刚刚还在尽情歌唱的任性儿童,现在只能恭谨地静坐一旁了。

这种令人感到可怕的政治手腕,我们可以把它看成一种合理的自我保护。对于这个内容既不明智,部分又难以施行,且会将欧洲的生活置

---

[1] 即玛利娅·蒙台梭利(意大利语:Maria Montessori,1870—1952年),意大利幼儿教育家,蒙台梭利教育法的创始人。她的教育方法源自其在儿童工作过程中,就所观察到的儿童自发性学习行为进行总结而成。她倡导学校应为儿童设计量身定做专属的环境,并提出了"吸收性心智""敏感期"等概念。——译者注

于危境的和平条约，劳合·乔治先生[1]是负有责任的。他可能会这样来为自己辩护，他知道这个条约内容并不明智、部分难以施行而且会置欧洲生活于险境，但是，民众的激情和愚昧，在世界的进程中确实会发挥着一定的作用，作为民主政治的一个领袖人物，不得不顾及这一点；就当时那一时刻而言，《凡尔赛和约》是最切合时机的解决办法，与民众的呼吁和一些主要参与者的品性两相符合；至于欧洲的生活，两年来他已经使尽浑身解数，尽可能地避免或减轻由此而造成的危害了。

如此托词，似乎未尝没有一定的正确成分，我们不能一概抹煞。就和会的内幕情况而言，法国和美国的与会者对他颇有好评，认为总体来看，劳合·乔治先生还是在努力争取，尽力不让和约过分地走向极端。和会结束两年以来的历史表明，除了拼尽个人地位以求力争这一点做不到之外，他已经做了其他所能做到的一切，试图从各个方面来保卫欧洲，尽量消弭和约可能造成的不幸后果，在这一点上，他的才干是少有他人可以比得上的；虽然他没有能够确保欧洲的繁荣，但却捍卫了欧洲的和平；他极少诉诸语言来表达真理，但是他的行动正是在真理的驱策下做出的。因此，尽管所循的道路曲折，但是，作为一名忠诚的公仆，他履行了为人类而服务的天职。

他可能认为，这是民主体制之下可以使用的最为巧妙的不二法门，只要道路正确，过程当中不妨玩些翻云覆雨的诡谲手段，他的这种想法

---

[1] 劳合·乔治，英国自由党领袖。1890年当选为英国下议院议员。1911年任财政大臣期间提出国民保险法，被公认为英国福利国家的先声。第一次世界大战期间任军需大臣、陆军大臣等职。1916年12月7日出任首相，对内扩大政府对经济的控制。战争结束后，在英国保守党和英国自由党联合政府中，劳合·乔治仍任首相。1918年议会通过选举改革法，扩大选民范围，颁布国民教育改革法，实行14岁以下儿童的义务教育。1919年他出席并操纵巴黎和会，是巴黎和会"三巨头"之一，签署了《凡尔赛和约》。1921年给爱尔兰以自治领地位。——译者注

也许是对的。我们追求的目标可以是真理和诚实，而作为**一种手段**，却不妨是以某种审美的或个人的标准为基础的成见，就政治而言，自不必与至高之善相一致。

这种充满政治艺术、颇具魅力的行事风格，当政治家们在之前累积的声誉逐渐消失殆尽之时，是否仍能有其实效？我们不敢断言。即便是民众，也只能通过经验才可察知。

无论如何，我们一般的个人总是与那些内阁成员不同，并不负有他们那样的责任，也无须为了众人的福利而违背诚实的品性。作为个人，可以畅所欲言，可以信笔直书，这是世所公认的个人自由。这种个人自由，对于政治家出于至高之善挥动指挥棒所促成的使之出色发挥作用的那一堆事物，很可能也会贡献出一份力量。

我曾把对《凡尔赛和约》的直白解读，当作《〈凡尔赛和约〉的经济后果》一书的基础，也曾就实际执行这一和约时将会发生的后果进行观察；鉴于上述这些原因，我感到这样做并没有错。我认为，和约中很大部分是**无法做到的**；许多评论家认为，正是基于这样的原因，和约也就不会产生什么恶果，对此我不能苟同。对于我关于和约的许多主要结论，内部意见一开始就表示赞同。[1] 但并不能因此说明，外界舆论对这些结论也会接受就没什么重要意义。

就现下的情况而言，有**两种**舆论或意见；这或许并不是像以前那样被说成有真伪之别，而是说存在内外两种不同的舆论。公众的意见是通

1　"正如艾伦·杨格教授在对我的书进行评论时所写：'与一个战败之国签下的庄严条约，对它的履行纯属表面文章，而其对经济现实的估计，畏首畏尾，严重不足。'虽然如此，杨格教授还是想站在偏袒的立场上为条约进行辩解，把它描述成'一份颇有远见的文件'。"

过政治家和新闻报纸来表达的，而政治家、新闻记者以及文官们的意见，无论是在台前还是幕后，总是只局限在一个有限的圈子内流传的。在战争期间，两种意见应该尽可能地有所差别，这一点已然成了爱国之责任；而有些人似乎至今仍做此想。

此种情况古已有之，不过稍有不同而已。有人曾说，格莱斯顿先生是一个伪君子；即使这种说法是真的，那他在其私人生活里也是要摘下面具示人的。在世界各国的议会中，那些高高在上的悲剧演员们装腔作势，在之后的晚宴上也不忘继续扮演自己戏中的角色。但一旦从舞台卸妆，回到幕后，这样的表演是不能一直保持下去的。如果对于暴露在公众之下的生活所做的矫饰，在今天那些闪闪发光的舞台脚灯下彼此交错，已经足够让人为之目眩神迷，那么，在私下的生活中，反而会铅华洗尽，要知道，这两种状态对于演员们自己的心理而言可能是截然不同的。生活在世界大礼堂里的大众，需要比生活本身更广阔的经验，需要比真理更素朴的道理。在这间巨大的剧院里，声音的传播实在是太慢了，当它那破碎的回声送达最远的听众耳中时，话语早已失真。

生活在这个有限的圈子里的人们共享着这种内部的意见，他们对于外界意见既过于重视，又相当漠视；说过于重视，是因为他们对待舆论，在言语和承诺上总是预备在一切方面随时加以让步，认为公开对抗外界舆论全然无济于事；说相当漠视，是因为他们总认为这样的言语和承诺并不会真正发生，一旦时机到来，注定要发生变化，因此对于其间的实际意义和具体后果进行认真分析，未免近乎做作，必会取厌于人，是不会切合实际的。评论家所说的这一切，他们几乎都心知肚明，因此在他们看来这些评论家无非是在浪费时间、浪费感情，枉自兴奋了一大场，所感冲动的事物，自己也心知那是不会发生的。他们自认为消息灵通、见闻广博，能够煞有介事地谈论别人不能深悉的内幕，交换彼此的灵感，因此内部意见即便暂时屈尊于外界舆论，也会使他们自觉有一种优越感。但是，尽管如此，对这个世界公开讲出的这些言语和承诺所产生的后果，比上述那些窃窃私语带来的影响，总还是要深刻得多，广大得多。

然而，这里还有更为错综复杂的一面。在英国（其他地方也是如此），有两种不同的外界舆论，一种是报纸上呈现出来的意见，另一种则是一般百姓私下里信以为真的意见。当然，这两种意见之间与它们和内部意见相比的话，彼此之间的接近程度要高得多。有些方面，二者简直是合而为一的。然而，透过这些表面的状态，深入到事物的内在，我们会发现二者存在着真正的区别：一种是报纸上呈现的那种教条主义的一贯面貌，另一种则是个人间变幻莫测的活跃信念。就比如一个普通的英国人，即便在1919年，对于德国赔款一事要说当真有什么确定不移的信心，我对此就不敢深信；他凭借着一贯的聪敏，总是可以道听途说地打听到一些有关赔款的消息。但是，那个时候，在他看来似乎让这类方式的赔偿条款继续下去，应当不会造成多大的实际损害；此外，就彼时他的情绪而言，当他认为德国具有无限的赔偿能力时，这种想法较之其他，即便不那么真实可信，但在情感上总还是比相反的情况要更好一些，更让人感到愉悦舒畅。因此，近来英国外界舆论的转变，与其说部分属于智能方面，还不如说是由于世易时移，情势变了；此时他已经看到，原来的赔偿办法无法为继，将会带来实际的损害，此外，他在感情上也已不再如以前那样坚决。这样，他就会有所转变，对于一些基于事实的论证，也渐能入耳，这些论证他以前未必不懂，只是之前他对此几乎连正眼都不会瞧上一眼。

外国观察家对这些无法言喻的微妙感觉往往容易忽略，而它们迟早也会在报纸上被披露出来。内部意见会逐渐一层一层向更为广大的圈子渗透，最终会影响到外界的舆论，使得这类微妙的观感对于事实论证、常识观念和个人私利有着相当的敏感性。要敏锐而准确地意识到所有这三个方面，乃是现代政治家的职能所在；他必须要有足够的智力，来理解和消化这些内部意见，对于外界舆论的深层意蕴，也要有较深刻的感受力和同情心，而对于外界舆论的浅层表述，脸皮也要足够厚才行。

无论这些分析是否符合实际，抑或根本就是一种想象，毫无疑问的一点是，过去两年公众的情感已经发生了极大的变化。人们内心最高的渴望，就是过上恬静的生活，无拘无束，与邻居们和谐相处。战争的狂热已然散去，人人都希望实事求是地看待问题。有鉴于此，可以说，《凡尔赛和约》的赔偿条款实在是成事不足败事有余。这样的条约实施之后所带来的灾难性后果，现在发生的可能性是极为微茫的。

在本书以下各章里，我要完成两个任务，始则以对事件的历史进行记录，并对目前发生的事实做一番陈述，终则就我们应该何去何从给出若干建议。我对后者更加重视，这一点也是很自然的。不过，对晚近的经过回眸深顾，并非仅仅出于一种历史的兴趣。如果对刚刚过去的两年稍作深究（而且不经过提醒的话，那种一般性的记忆如今已然如此地淡漠，使得我们在回忆起过去时，感到我们对它的认知，实在和对将来的认识一样贫乏），那么，我想，我们一定会被这种有害的幻想所震惊。我最后的提议认为，这种幻想的元素如今在政治上已经失去了它的必要性。现在，外部舆论已经做好了揭开内部意见的准备，而且也会按照内部意见的这种秘密的信念而作为。在大庭广众之下，不吝于表达自己的观感，现如今已经不再是什么毫无意义的鲁莽之举了。

第二章 从《凡尔赛和约》的赔款条款到第二次伦敦最后通牒

I. 条约与公投的执行情况

《凡尔赛和约》正式批准生效是在1920年1月10日，除却那些需要进行公投来决定去留的地区之外，有关疆界的条款于当日即已生效。石勒苏益格的公投（1920年2月和3月）根据多数原则将该地区北部划给了丹麦，南部划给了德国。东普鲁士的公投（1920年7月）以压倒性多数的票数，表示支持归属于德国。上西里西亚的公投（1921年3月）作为一个整体是以接近二比一的投票结果，支持作为一个省而归属德国的，[1]但在该地区南部和东部的某些地区，则以多数票支持归属波兰。根据这样的投票结果，再考虑到争议地区在工业上的统一性，除了法国之外的其他主要协约国均认为，虽然普勒斯和雷布尼克的东南部地区拥有非常重要的未开发煤田，但是它们目前基本上仍然是以农业为主，将该

---

[1] 更确切地说，拥有投票权的公民达 1 220 000 人，其中实际参与投票的共 1 186 000 人，707 000 票或十一分之七的票投给了德国，479 000 票或十一分之四的票投给了波兰。共有社区 1 522 个，其中 844 个多数票支持德国，678 个多数票支持波兰。说波兰语的投票者主要在乡村，这一点可以从以下事实中得到体现：在 36 个城镇中德国得票 267 000 张，远远超过波兰的 70 000 张，而在乡村，德国得票 440 000 张，波兰为 409 000 张，相对接近。

地区另计,该省近乎全境皆应归属德国。由于法国表示无法接受此项解决方案,所以整个问题被提交给国际联盟,以求最后的仲裁。国际联盟为求种族和民族主义的正义,将其工业区域一分为二;同时,为了确保实质上的经济繁荣,该机构引入了一些复杂的经济条款,力求避免这种一分为二的做法所带来的不良后果,而这些条款在经济上是否有效,颇值得怀疑。他们规定,这些条款的有效期为十五年,这也许是因为他们相信在十五年后必有新的形势出现,从而要求修正这一决议。大体而言,这一疆界的划定,完全没有从经济上进行考虑,只是把投票支持德国的人所占的比例较大的地方尽可能地划到一起,把投票支持波兰的人所占的比例较大的地方划到另一边罢了(尽管为了达成此一结果,他们曾认为,有必要将两个全部说德语的城市卡托维兹和霍茹夫划给波兰)。如果考虑到其背后所受到的诸般限制,也许我们可以说,这项工作已经相当公平了。但是,《凡尔赛和约》曾给出的指导意见则是,经济和地理上的因素也应该纳入考虑的范围内。

对于这项决议是否明智,我无意细究。在德国,有人认为,正是因为私底下受到法国的影响,才会有这样的结果。国联的官员基于国联自身的利益考虑,自然希望所达成的解决方案,不至于对那些不同意该方案的国联成员国,造成惨烈的失败后果,如果是这样,那么,所达成的解决方案难免会向法国倾斜,以求取得法国的同意,但是,即便是这样,我也很怀疑法国的影响是否起到了决定性的作用。我认为,对于这种处理国际事务的办法,这一决议提出了非常具有根本性的质疑。

情况越是复杂,困难越能得到彰显。在那些彼此相对、无法比较的要求之间存在冲突的时候,就会要求国联介入。只有那些公正无偏、置身事外、通晓事理而又德高望重的人,在将**所有情况**尽皆考虑之后,才能达成一项良好的决议。由于国际间的正义面对的对象都是大型组织机构,而非一大群小的个体,其中每一个体的个性特点均被略去,而只需考虑其平均意义上的特征,所以,这就与在自治地方的法院里律师早已有所预备的法律正义所面对的情况大为不同。因此,将如今盘根错节的欧洲内部古老的冲突之解决,委于来自南美和亚洲远东地区的年长绅士之手,这种做法实在有些危险,要知道,这些人会认为他们的职责所在,不过是从可以获得的已签署的文件中提炼出严格合法的解释,也就是说,他们所考虑的事情会尽可能地少,以最大限度地寻求可能的简洁处理之道。我们只需要像驴子一样竖起耳朵,来听从那诸多的所罗门的判决,而这个所罗门,当他在说"把这个活着的孩子,用剑劈成两半,一个妇人一半"时,他的心中不是智慧,而只是那几页法条而已。

威尔逊主义的教条把种族和民族凌驾于贸易和文化联系之上,只想保证疆界的划定,而不关心人们的福祉,这种认识深刻地体现在当前设想国联这一组织时的观念之中。建设国际政府的首次实验,却反而在加强民族主义的趋势,这让我们颇感荒谬。

事实上,即使国联面临着某些局限条件,它可能还是有办法提出有利于其决议的判例的,有鉴于此,我们才插入了这些思考。较之于那些认为国联的决议存在偏袒行为的指控,我的批评要更加切中要害。

随着各地公决的结束,德国的疆界已然重新划定完毕。

1920年1月,协约国要求荷兰交出德国皇帝;对于这件各国难以隐藏其关切之情的事情,荷兰女王毅然决然地拒绝了(1920年1月23日)。就在同一个月,协约国还要求交出数以千计的"战争罪犯",鉴于德国国内的反抗之声颇为汹涌,这一条也就没有继续坚持。取而代之的是,根据《凡尔赛和约》的规定,至少先要在莱比锡高等法院,而不是协约国法院就数目有限的几个案子进行追诉。有几个这样的案子确实已经受到审理;不过现在,出于一些众所周知的原因,各方均默契地不再声张，对于它们，我们也就听不到什么音讯了。

1920年3月13日，柏林的保守主义者制造了一场政变（卡普"政变"[1]），他们占据了首都长达五天之久，将艾伯特（Ebert）政府赶到了德累斯顿。挫败这场政变，所依靠的基本上是"总罢工"这一武器（让人感到惊奇的是，这一武器第一次取得胜利，却是来捍卫已经建立起来的秩序的），嗣后，在威斯特伐利亚和鲁尔，又出现了一些共产主义者所造成的骚乱。在处理第二次政变时，德国政府派遣了更多军队进入这些地区，人数大大超过条约所允许的限度，结果，德国趁机抓住机会，在没有任何其他协约国一起行动的情况下，悍然占领法兰克福（1920年4月6日）和达姆施塔特，此时正值我们下面所记录的一系列协约国会议的第一次会议——圣雷莫会议——召开之际。

所发生的这些事件，再加上有关中部德国政府在巴伐利亚行使其权力时所存在的怀疑，导致原本按照条约规定应该在1920年3月31日前完成的裁军任务一再迁延，一直到1921年5月5日伦敦最后通牒，才

---

[1] 1920年2月，时任魏玛共和国国防部部长的诺斯克（Gustav Noske）宣布解散吕特维兹将军（Walther Freiherr von Lüttwitz）麾下6 000名以反共和著称的志愿军"爱尔哈特旅"（Marinebrigade von Hermann Ehrhardt）。对于这个解散命令，本人也是反共产、反共和的守旧保皇派吕特维兹坚决反对，不仅抗命不服，更要求当时的总统艾伯特（Friedrich Ebert）立即解散国会，并要求将国防部部长撤换为他本人担任。国防部部长诺斯克旋即宣布将吕特维兹解职，并继续执行解散计划，而吕特维兹则进一步将军队开进柏林，准备武装反抗。面对柏林市内一触即发的内战，魏玛共和国总理鲍尔（Gustav Bauer）与总统艾伯特双双逃离柏林。3月13日，吕特维兹任命卡普（Wolfgang Kapp）组织新的"国民政府"，意图取代刚建立的魏玛共和国。新政府以黑白红三色旗为国旗，与第二帝国相同，象征对帝制的缅怀。面对此一局面，社会民主党的党主席威尔斯（Otto Wels）在柏林发起大罢工加以抵制，柏林一时之间巷战、罢工频传，吕特维兹和卡普建立的新政府完全无法运作。仅仅四天，吕特维兹的国民政府在3月17日就在各地军队宣示对共和政府效忠的压力下宣告解散。虽然卡普"政变"迅速失败，但也因此使鲍尔内阁解组下台。卡普"政变"的导火线固然是《凡尔赛和约》的解散志愿军要求，但从解散过程中引起共和与反共和的两股势力斗争来看，第二帝国结束而由共和取代，并不是所有力量都能接受的产物。这是魏玛共和国始终存在反体制力量的原因。——译者注

得以最后完成。

下文所记录的主要问题就是赔款了。在1920年，德国按照条约的规定，就某些特定的物资和赔款如约完成了任务。从法国和比利时掳掠而来的大量有主财产，物归原主。[1] 德国交出了其商业船只。同时，还交付了一些染料和一定数量的煤炭。但是，德国没有支付任何现金，有关赔款的真正问题依然迁延未决。[2]

1920年春季和秋季的会议，一直在试图就条约无法执行的那些条款进行修改，以使其可堪使用，在这件事上耗时良多，旷日持久。

II. 圣雷莫会议（1920年4月19—26日）、海斯会议（1920年5月15日和6月19日）、布伦会议（1920年6月21日至7月2日）、布鲁塞尔会议（1920年7月2—3日）以及斯帕会议（1920年7月5—16日）

协约国各国政府首脑在1920年4月到1921年4月间，开会磋商无数，很难说这些会议有什么不一样，结果都是大同小异，悉以流产告终，不过，总的效应则在不断累积；重新修订条约的议题，在各个方面都在不断增强其合理性。这些会议均以劳合·乔治先生的方案为典范。在每一场会议上，劳合·乔治先生都尽可能地推动法国同意，虽然这并不是他之所愿。然后，回到国内，他就极力揄扬所暂时达成的和解（而注定一个月后这一和解就会发生变化），认为这是他和他的法国同事所达成的完全一致的意见，是智慧的完美体现，是德国所应最后接受的最好的和议结

1　截至1920年5月31日，有价证券和其他有主财产共计83亿法郎，以及重达50万吨的机器和原材料，已经交还给法国（1920年6月14日，《法国议会财政委员会的报告》），此外还有44.5万头牲畜。

2　截至1921年5月，赔款委员会所收到的现金总共不超过1.24亿金马克。

果，而且还会再三地说，如果德国不接受该和议，他就支持入侵德国领土。随着时间逝去，他和法国的名声都没有什么改善；然而，他却稳稳地实现了自己的目标——这倒不是因为他的这类手段有多么了不起，而是在他那一方来看许多事情根本没有实现和解的可能。

这一系列会议中的第一场，即圣雷莫会议（1920 年 4 月 19—26 日），是在意大利总理尼蒂先生（Signor Nitti）[1]在任期间召开的，尼蒂先生从不掩饰他希望修改条约的企图。当然，米勒兰先生[2]则从来认为该条约非常完善，不需调整，而劳合·乔治先生（根据当时《泰晤士报》的报道）处在居间调停的位置上。由于法国显然不愿意接受任何新的方案，所以，劳合·乔治先生集中力量，在最高委员会和德国政府之间安排了一次面对面的讨论，这的确是破天荒的一次会面，要知道，无论是在巴黎和会期间，还是在之后，都一直没有安排过这样的会面。他曾向协约国首脑们提议邀请德国代表参加圣雷莫会议，却很快遭到了拒绝，但是，他还是成功地达成了一项决议，那就是召集德国的代表们在接下来的一个月访问斯帕，"以讨论赔款条款的实际实施问题"。这是第一步；接下来，该会议就德国裁军问题径自发布了一个宣言，表达了自己的主张。劳合·乔治先生向米勒兰先生做出了让步，表示应该维护条约的完整；但是回到国内，在下议院发表讲话时，他又承认自己更加认同

---

[1] 即弗朗西斯科·萨维里奥·尼蒂（Francesco Saverio Nitti，1868—1953 年），意大利经济学家和政治人物。尼蒂是英国经济学家托马斯·罗伯特·马尔萨斯的坚定批评者，曾著有《人口与社会体系》（*Population and the Social System*，1894）反对马尔萨斯的人口原理。1919 年和 1920 年接替奥兰多担任意大利第三十六任总理。——译者注

[2] 亚历山大·米勒兰（Alexandre Millerand，1859—1943 年），法国政治家。1920 年当选法国总理。后以温和派联盟领袖的资格当选共和国总统（1920—1924 年），帝国主义时代社会主义者参加资产阶级政府的第一个代表人物。后迫于左翼联盟的压力而辞职。——译者注

不要"过于在字面上"对条约进行解释。

5月，各国的首脑们私下在海斯碰面，对他们在斯帕形成的路线再做思考。在巴黎决议和伦敦第二次最后通牒中起到了很大作用的按比例分配赔款的观念，如今确定要进行审议了。对此，海斯的会面专门成立了一个专家委员会，预备就这一方案进行审验，德国应根据这一方案每年支付一定额度的最低赔款。这一举动为新思想打通了道路，但是至于具体数字，我们仍然没有看到达成一致意见的迹象。与此同时，斯帕会议也被推迟了一个月。

在接下来的一个月里，协约国领袖们再次聚于布伦（Boulogne）（1920年6月21日），这次会议在海斯会面（1920年6月19日）之后，海斯的会面是在一个非正式的周末场合举行的。据报道，在这次会议上，协约国对德国每年须支付的最低赔款额应与其经济复苏相协调之原则，切实达成了一致意见。甚至具体的数字也在会上提到，即要求德国在35年之内，每年支付30亿金马克的最低赔款额。

最终，斯帕会议如期而至。各国首脑再次聚首（布鲁塞尔，1920年7月2—3日），对他们将要采纳的路线进行讨论。他们就很多议题进行了讨论，尤其是对在赔款要求国之间如何就仍然处在假设之中的赔款收入进行比例上的分配，做了一番深入的讨论。[1] 但对于赔款本身却未采用任何具体的方案。同时，德国的专家们提交了一份备忘录，直白地表示，对于法国来说政治上可行的方案，从德国的经济上加以考虑，乃是绝无可能的。"德国经济专家的这份备忘录，"《泰晤士报》在1920年7月3日报道称，"相当于提出了全面修改《凡尔赛和约》的要求。因此，协约国不得不考虑，它们是否要严厉要求德国执行条约的规定，而不惜明确地

1　参见附记6。

以对德制裁为威胁，或者对德国背叛条约等闲视之，甘心冒着给人柔弱可欺之印象的风险。"这真是一语中的。如果协约国不能就改变条约的正确方式在内部达成一致，那么，"严厉要求德国执行条约的规定"在协约国内部的"完全一致"也需重新达成，不然就会告诉世人，《凡尔赛和约》是可以从根本上加以改变的。

最终，在1920年6月5日，这次会议姗姗来迟。但是，尽管这场会议持续达十二天之久，而对于原本召集首脑们坐在一起所主要提上日程要加以讨论的议题——赔款问题——却没有时间来达成意见。就在这一危险议题要开始讨论时，一些紧急事件把米勒兰召回了巴黎。在这次会议上所处理的一项主要议题——煤炭问题，我们在本章结论处的附记1中进行讨论。不过，这次会议的主要意义乃在于，各国领袖第一次和德国以及协约国的专家们，以公开的会议以及私下的亲密会见这样的方式，面对面地坐到一起进行讨论。斯帕会议并没有得出什么方案；但是，它向我们发出了一种信号，表明在这一切的表象之下，事情已经有了进展。

III. 布鲁塞尔会议（1920年12月16—22日）

虽然斯帕会议并没有就赔款问题的解决这个一般性的问题进行讨论，但是，大家再次一致表示，赔款问题应该尽早予以解决。可是，时间不断推移，却什么也没有发生。1920年12月23日，米勒兰先生成功就任法兰西共和国总统，他原来的总理宝座由莱格先生[1]接任。法国的官方

---

[1] 乔治·莱格（George Leygues，1857—1933年），法国总理，海军部部长，1885年当选国民议会议长，1894年和1898年两度任国民教育部部长，1895年任内政部部长，1906年任殖民部部长，1917年被乔治·克里蒙梭任命为海军部部长，1920—1921年任法国总理，1925—1930年复任海军部部长，是法国海军革新的一位领导者，1927年主持颁布了海军条例。——译者注

舆论不断地在收回原来所做出的让步，而这些让步都是劳合·乔治先生在布伦经过努力斡旋才争取到的，但法国官方从未完全向法国民众承认。如今，他们更偏爱让赔款委员会这一组织来执行其指定的路线。然而，最终在 1920 年 11 月 6 日，经过多番外交斡旋之后，法国和英国政府再次宣告它们重新达成了"完全的一致意见"。由赔款委员会提名的专家会议，将与德国的专家一起磋商，并给出报告；然后，各国政府首脑组成的会议，要与德国政府会面，并给出报告；有了这两个报告之后，赔款委员会将确定德国的赔款金额；最后，协约国政府的首脑们再相见，并"做出决策"。"因此，"《泰晤士报》记录道："在旷野之中长时间地游荡之后，我们重新又回到了《凡尔赛和约》上来。"这位作者不辞辛劳，把报纸当年的文件重又逐一细读，只有这些向我们证实了牧师之言，以及那无常的世事，犹如尘埃般纷纭不定。

在这冗长的过程中，事实上第一个阶段是完成了的，而且确有协约国政府的一些常任官员[1]在布鲁塞尔与德国代表进行了会晤，时间就在 1920 年圣诞节前不久，查明了事实情况，并对当前形势进行了一般性的探讨。这是一次"专家"会议，与之前以及之后的"政治家"会议完全不一样。

布鲁塞尔专家们的工作，基本上被稍后在巴黎召开的政治家会议所忽略，乃至推翻，在这里对这一工作进行详细讨论，现在已无此必要。不过，它标志着我们与德国的关系处在了新的阶段。双方的官员以非正

---

[1] 英国的德阿伯农勋爵（Lord D'Abernon）和约翰·布拉德布里爵士（Sir John Bradbury），法国的塞多克（Seydoux）和切伊森（Cheysson），意大利的达米列（d'Amelio）和加里安尼（Giannini），比利时的德拉克劳克（Delacroix）和勒普鲁克（Lepreux），以及依照惯例，还有两位日本人。德国代表包括，伯格曼（Bergmann）、哈文斯坦（Havenstein）、裘诺（Cuno）、梅尔基奥（Melchior）、冯·斯陶思（von Stauss）、波恩（Bonn）和施罗德（Schroeder）。

式的形式进行会晤，并理性地彼此交谈。他们所代表的，乃是所谓的"国际官场"上的精英分子，他们愤世嫉俗、道德高尚、智力超群，但是对事实以及现实的处理办法却有着极强的偏见。双方都认为，正在做出的进展，有助于推动问题的解决；彼此之间正在培养互相尊重的氛围；而且，对于没有及早理性地坐下来相互磋商，他们都表现出真诚的遗憾之情。

布鲁塞尔的专家们在考虑少于布伦会议上预期的平均支付额时，也非可以自由地发挥，还是要受到一些约束的。相应地，他们向协约国政府建议实行以下几点：

（1）从1921年到1926年，五年间德国平均每年应当支付1.5亿英镑（以黄金作为支付手段），不过，这一平均年支付额可以在五年内分摊，前两年支付的可以少于此数，后两年再多加一些，5年期满，之后的支付额问题，暂时延后考虑。

（2）这一支付数额中，相当大的部分应以物资的形式提供，而不使用现金的形式。

（3）占领期间的驻军费用每年的支出应限制在1 200万英镑（以黄金作为支付手段），这部分费用不是附加于前面所规定的每年平均支付额之上的，而是要首先满足军队的这一要求。

（4）协约国应搁置其要求德国为其建造船只的权利，可能还应放弃或推迟它们要德国交付其一定数量的现有船只之要求。

（5）就德国而言，它应将其财政和预算纳入正轨，应同意协约国在上述几点未能得到履行时拥有接管德国海关之权利。

IV. 巴黎决议（1921年1月24—30日）

布鲁塞尔专家们的建议并未就赔款问题给出永久的解决方案，尽管如此，这些建议仍然表明，对于条约的看法有了巨大的进步。不过，与此同时，法国国内在反对这些经过深思熟虑的让步方面，舆论不断高涨。莱格先生似乎在如何把布伦所讨论的这个方案引入国会进行讨论上，也是束手无策。旷日持久的政治密谋，终于在白里安先生[1]接任总理一职之后，才宣告结束；之后是一批极端支持捍卫《凡尔赛和约》的人士当政，分别是普恩加莱先生[2]、塔尔迪厄[3]和克劳茨先生。在布伦和布鲁塞尔达成的那些计划被付之一炬之后，1921年1月底，在巴黎又召开了一次会议。

首先值得怀疑的是，这样的进程最终是否会以英法两国分道扬镳而了结。劳合·乔治先生俨然已被不得不放弃在布伦取得的大部分阵地而激怒；而且这种拉锯式的协商完全是在浪费时间，其进展几近于无。同时，他也不大愿意要求德国按照条约支付赔款，现如今所有的专家都认为让德国按照条约支付赔款只能是天方夜谭。有那么一段时间，他根本就觉得法国的那些论点压根就站不住脚；但是，随着事态的进展，他也开始明白，白里安先生与他是志趣相投之人，无论他在公开场合所讲的话多么地荒谬不堪，白里安先生私下还是会非常通达地加以理解。在会谈当中出现决裂的痕迹，可能说明白里安先生已经失势，诸如普恩加莱和塔尔迪厄这一帮子野蛮之人开始当权，如果这些人的话被当了真，而

1　即阿里斯蒂德·白里安（Aristide Briand，1862年3月28日至1932年3月7日），法国政治家，外交家。法国社会党创始人，11次出任总理，以对德和解获得诺贝尔和平奖，以非战公约和倡议建立欧洲合众国而闻名于世。——译者注

2　即雷蒙·普恩加莱（Raymond Poincaré，1860年8月20日至1934年10月15日），法国政治家。1912—1913年担任法国总理和外交部部长，1913—1920年担任法兰西第三共和国总统，1922—1924年与1926—1929年，他再任总理。——译者注

3　即安德烈·塔尔迪厄（André Tardieu，1876年9月22日至1945年9月15日），法国政治家，三次出任法国总理。试图在第一次世界大战后继续执行乔治·克里蒙梭的政策。——译者注

不只是为了上台而采取的一种策略，那么，在他们被权威力量压制下来之前，可能欧洲的和平已然被他们搅得天翻地覆。劳合·乔治先生和白里安先生，这两位通达之士，即便短时间内稍有龃龉，但仍维持着共事的关系，这难道不更好一些吗？ 对于当前局势所持有的现在这种立场以及最后的通牒，都以后文所给出的那些决议的形式而传达给了德国。[1]

巴黎会议向德国提出的赔款要求，分别由确定的部分和不确定的部分所组成。前者要求两年内每年支付 1 亿英镑，接下来的 3 年每年 1.5 亿英镑，然后的 3 年每年 2 亿英镑，再然后的 3 年每年 2.5 亿英镑，最后，在 31 年间每年支付 3 亿英镑，所有这些赔款均以黄金来支付。后者（不确定的部分）要求在上述这些金额之外每年还需支付一定的金额，在价值上等于德国出口的 12%。在这一框架下，固定的支付额总计约为 113 亿英镑，这只比布伦会议上预期的总额稍低一点，但是，若再加上德国出口额的 12%，这个数字就大大超过了布伦会议上所定的数额了。

不确定的那部分使我们无法就这一赔款负担给出确切的计算结果，而且也不值得对此穷根究底。但是，我当时曾给出过不容辩驳的一个计算结果，这些提议所要求的赔款总量，在常规时期每年也超过 4 亿英镑，对于这个数字，无论是我们这里还是美国，有资格进行估算的人士均认为合理的数字不到它的二分之一。

不过，在布伦和布鲁塞尔会议上的讨论之后，巴黎会议上的这些决议并不真是要认真对待，而且它们可能只是这场游戏中的另外一个行动，是要给白里安先生一个喘息的机会。我怀疑过去是否曾经出现过和它相像的情况——把它看作那装腔作势的"宣传"所发展得到的结果，或许是所能给出的最佳的诊断了。恶魔已然脱离了其主人的操控，所产

---

[1] 这些决议的文本见本书附录 II。

生的形势格外离奇。在这一形势下，这个世界最有权势的政治家受那些他们无法回避的力量所推动，聚在一起，日复一日地对那些人人心知肚明无可实现的事情，在细节的变动上争论不休。

不过，劳合·乔治先生显然认识到，犬吠大作，随之而来的却不会是马上咬上一口。他们推迟了对如何实施有效的惩罚之考虑，邀请德国人在一个月的时间之内，来伦敦当面口头上说明他们的答复。

白里安先生在议事会上充分地捍卫了他所取得的胜利。《泰晤士报》的报道称："白里安先生在他作为演讲者和国会议员的漫长生涯中，几乎从未有过比现在更好的形式而取得的胜利。塔尔迪厄先生的严厉批评引人侧目，即便有时候对于旁观者以及受害一方而言，这些批评使人略感厌恶，但确实还是让人感到了这一批评的分量。"塔尔迪厄先生夸大其词，并且"直截了当地断言，法国过去一年中的政策完全建立在《凡尔赛和约》中的财务条款不可能得到执行这一结论之上，宣传上说，这乃是和平主义者凯恩斯先生以及德国代表布洛克道夫-伦卓伯爵（Count Brockdorff-Rantzau）[1]的论点。正是这一点，使得上述的结论赢得了众多的掌声"——这样的表述对于巴黎决议显然是非常不公平的。不过，彼时即便是在法国，如若称赏《凡尔赛和约》完美无缺，也会让人感到荒谬不堪。"我是一个天真汉，"当白里安先生走上讲坛时说道，"当我从塔尔迪厄先生那里听闻他打算对我进行质询的消息时，我自己还略感高兴。我这样告诉自己，塔尔迪厄先生可是《凡尔赛和约》的主要设计师之一，既然是这样，那他一定不但对《凡尔赛和约》的优点甚为通晓，对于其中的缺点所在，想必也是深知的，因此，对于这样一位尽其所能希

---

[1] 冯·布洛克道夫-伦卓（1869—1928年），德国外交家，魏玛共和国第一任外交部部长，曾作为德国代表参加巴黎和会，并签署了《凡尔赛和约》，后来曾出任德国驻苏联大使。——译者注

望实施该条约的尽忠职守的人，他一定会宽厚待之——可是你瞧（打了一个手势）——我只能这样认为，塔尔迪厄先生已经将他对自己工作结果的全部的爱耗费殆尽。"宣传所带来的巨大后续影响，开始慢慢地式微。

V. 伦敦第一次会议（1921年3月1—7日）

在德国，巴黎的决议得到了严肃的对待，也激起了强烈的抗议。但是，西蒙斯博士（Simons）接受邀请前往伦敦，他的专家团队展开了对巴黎决议的反驳。"对于英国和法国在布鲁塞尔会议上的代表，我对于他们的意见是表示同意的。"西蒙斯博士2月13日在斯图加特说，"但是，巴黎决议将这些代表们的意见彻底撕碎了。这是一场重大的灾难。德国的公共舆论永远也不会忘记巴黎决议中的这些数字。现在，要想回到布鲁塞尔提出的赛杜计划（Seydoux Plan）（即五年内暂定解决方案），是不可能实现的了，这是因为，在德国人民面前，庞大的赔款要求不断地攀升，就像一团萦绕心头的恐惧，无法摆脱……我们宁愿接受不公正的命令，也不愿签下我们完全无法劝服德国人民遵守的承诺。"

1921年3月1日，西蒙斯博士将其驳议提交到了在伦敦的协约国会议。这份驳议和当初布洛克道夫-伦卓在凡尔赛提出的驳议一样，内容不够清楚，也完全称不上智慧；而且坊间盛传，德国的专家内部也有观点上的分歧。这份反驳意见并没有用平实的语言阐明德国认为自己可以做到些什么，西蒙斯博士反倒从巴黎协议中的这些数字出发，然后用一些显而易见而又无关紧要的小把戏，把这些数字缩小，变成完全不同的另外一些数字。过程如下。巴黎方案每年固定支付金额总数（即将其中要求的占出口的比例部分排除不计），为113亿英镑，以8%的利息来计算其现值，为25亿英镑；从中减去10亿英镑，这是德国目前已经交付的物资所宣称的价值（当然实际的价值肯定不是这个数），还剩下 15 亿英镑。这是德国能够支付的最大金额。如果协约国把国际贷款提高为 4 亿英镑，德国还要对此支付利息和偿债基金，5 年内每年要再加上 5 000 万英镑，最高赔偿额一定大大超过 4 亿英镑，为 11 亿英镑，不过，这里的最高赔偿额并不包含那些未定的分期偿还款项的利息。5 年末，分期偿还比例要重新考虑制定。整个提议要视上西里西亚保留在德国之内与否，以及是否清除德国贸易上的所有障碍这些情况而定。

这一提议的实质部分并非是不合理的，可能与协约国最终能够确保的赔款要求不相上下。但是，这里给出的数字，即便是与布鲁塞尔会议上的专家所给出的数字相比，也远远为低，而且提出这一提议的方式自然也会引起偏见。它马上就被拒绝了。

两天后，劳合·乔治先生读到德国代表团的一篇有关他们祖国所犯罪行的演讲稿，把他们的提议描述成是"一种冒犯和一种令人感到愤怒的行径"，并且断言他们的税负"与英国相比简直是太低了"。然后，他代表协约国发布正式文告，宣称德国在"交送触犯战争法律须接受审判的罪犯、裁军以及用现金或价值 10 亿英镑的黄金来支付赔款方面"未能履行责任，并最终以最后通牒[1]作结。大意是说，除非他在周一（3 月 7 日）听到"德国要么准备接受巴黎决议，要么（根据在巴黎提案中所做的让步）能够以其他的方式提出同样令人感到满意的《凡尔赛和约》下的免责方案"，否则，协约国将继续（1）占领杜伊斯堡、鲁尔河口和莱茵河右岸的杜塞尔多夫，（2）对发往协约国国家的德国商品所有由德国支付的部分进行征税，（3）在德国占领区和其他地区之间，设置关卡，征收关税，（4）对于进入和离开占领区的商品而支付的关税，予以截留。

---

[1] 全文见附录 IV。

在接下来的寥寥几天内，谈判继续在幕后进行着，但是却漫无目的。3月6日午夜，卢舍尔先生（M.Loucheur）和达博纳勋爵（Lord D'Abernon）给德国人提出了另外一条替代性的方案，要求30年内每年固定支付1.5亿英镑，然后再加上出口比例的30%。[1] 3月7日，正式会议重新启动。"上午在兰开斯特宫外，大批人群聚集于此，为福煦元帅和劳合·乔治先生加油打气。到处都在高呼'劳合·乔治，让那帮德国人把钱赔出来！'人们好奇地看待德国的代表们。冯·西科特将军（General von Seeckt）身着戎装和佩剑。他还戴着一副普鲁士官员中非常时兴的眼镜，其举止俨然是普鲁士军国主义的化身。福煦元帅、陆军元帅亨利·威尔森爵士以及其他的协约国将士也都军装整齐，严阵以待。"[2]

19　　西蒙斯博士对外传达了其正式的答复。他愿意接受巴黎决议提出的办法，以此来处理前五年的固定支付额，条件是协约国要以贷款和将上西里西亚保留在德国之内的方式来援助德国。五年结束，《凡尔赛和约》即重新发挥效力，根据他所得到的授权，与巴黎决议相比，他较为偏向《凡尔赛和约》中的条款。"战争罪行问题既不能通过条约来解决，也无法仅仅认罪即可了事，制裁行为也说明不了什么；唯有历史，才能够判定，谁将为这场世界大战承担责任。我们所有人都身在此山中，尚不足以为之盖棺论定。"他指出，挟之以制裁，完全不合法。一直到赔款委员会宣布5月1日到期，从技术上来讲，德国并未违约。在和约框架下，进一步深入德国边境，占领德国领土，并不合法。截留德国商品价值的一部分，与英国和比利时政府所做出的承诺也截然相对。在莱茵兰建立特

---

[1] 可以将此与第二次伦敦最后通牒中提出的每年固定支付1亿英镑和出口比例的26%进行比较，这仅仅过去两个月而已。

[2] 《泰晤士报》，1921年3月8日。

殊的海关，征收关税，是条约第270款批准的唯一一个，其目的在于保护莱茵兰地区居民的经济利益，并不是要以此就未履行条约责任而对整个德国人民进行惩罚。有关制裁非法的这些观点并没有什么争议，劳合·乔治先生亦未尝就此做出回答。他宣称，制裁会立即付诸实施。

谈判破裂的消息传到巴黎，"紧张的局面终于松懈了下来"，[1]福煦元帅打电报向其军队下达命令，准备在第二天上午7点挺进德国。

因此，伦敦会议并没有产生新的赔款方案。劳合·乔治先生默许了巴黎决议，使之不得不一直走下去。那些个人对德国代表的举止行为大感厌恶的表现，以及一开始仅仅想吓唬吓唬对方的办法，一下子都烟散云消，最终以他对试图执行入侵德国的决策之认可而结束。这些经济上的惩罚，无论是否合法，对于获得金钱上的赔偿来说显然都无济于事，因此，这些举措本来的意图与其说是想取得金钱上的赔偿，毋宁说是有意设计出来，意在教训一下德国。而这些处罚措施，德国是不可能，也不愿意去实施的。这种威胁，体现在朝着某些法国居民所公然拥护的政策方向上行进的一大步，将莱茵省永远地脱离德意志联邦。伦敦会议的这一重大特征，部分表现为英国深陷这一政策的泥沼之中，另外则表现为对预定的方式和法律程序的蔑视。

由于在《凡尔赛和约》下，要想对占领上述三座城市的合法性进行辩护，实无可能[2]，所以，虽然劳合·乔治先生在下院努力为之辩解，但是当辩论到达后面的阶段之后，其立论的基础实际上已经完全为司法审查总长所抛弃。

协约国的目的在于迫使德国接受巴黎决议。但是，德国有权拒绝接

---

1 《泰晤士报》，1921年3月8日。

2 一到两周后，德国政府正式向国联提起上诉，认为协约国此举缺乏合法性；不过我尚不清楚国联会就此采取什么行动。

受这些提议，而且德国这样做也在条约允许的范围之内，因为所给出的提议在《凡尔赛和约》的规定以外，并且所包含的性质并未经过该条约进行授权，德国拥有接受或拒绝的自由选择权利。因此，对于协约国来说，找到另外的某种托词就是必需的了。在这方面，他们表现得极为潦草塞责，正如前文所提到的，他们胡乱提出了几点，如战争罪犯、裁军以及要求支付200亿金马克赔款之类的要求。

认为德国在支付200亿金马克方面存在违约行为，这种断言在1921年3月7日的时候是站不住脚的；因为根据《凡尔赛和约》，德国是要在1921年5月1日前"根据赔款委员会所确定下来的分期付款额度和方式"完成这一支付，而且在1921年3月，赔款委员会当时并未要求催还这笔现金赔款。[1] 不过，如果认为在战犯以及裁军问题上严格按照条约的规定德国存在违约的情况（而条约最初的条款历经多次修改，要想确定在何种程度上德国违约也相当困难），那么，准确地对指控内容进行表述，乃是我们不可推辞的责任，而且若然以制裁相威胁，那么，把这些惩罚性举措建立在我们的指控皆可坐实的条件之下，也是我们的职责所在。先是在指控上含糊其词，然后又威胁道，除非德国同意那些与我们的指控并不相干的要求，否则必将予以惩罚，条约并没有赋予我们这样的权利。3月7日的最后通牒，置条约于不顾，不断动用武力，不断提出各种要求，横加勒索。之所以这样认为这一最后通牒，乃是因为，无论德国在什么时候严格按照条约规定被认为违背了条约的某一部分，协约国显然都认为他们有权就条约的任何其他部分内容做出他们认为适宜的改变。

---

[1] 几周之后，赔款委员会竭力就最高委员会的行动进行整理，催还10亿金马克（5000万英镑），这个数字是德意志银行发行钞票的绝大部分的储备数量。这一要求之后被取消。

不管在哪一种情况下，入侵德国莱茵地区以外的国土，在条约的框架下均非合法之举。在之后的那个月，这个问题更为重要，因为在这个月，法国宣布它将占领鲁尔区。在本章最后的附记2中，我们就合法性问题进行了讨论。

VI. 第二次伦敦会议
（1921年4月29日至5月5日）

接下去的两个月，形势发展更趋激烈。由于德国政府迄未表现出任何屈服的迹象，所以制裁措施严重恶化了德国国内的局势。到3月底，德国政府开始寻求美国的干预，通过美国政府发布了一项新的反驳意见书。这一意见书除了更加直白和准确之外，在内容上也比西蒙斯博士月初在伦敦发布的那一份要更胜一筹。其主要内容如下：[1]

1. 德国的债务确定为现值25亿英镑（以黄金计算）。

2. 立即通过发放国际贷款，使德国可以尽可能地进行资金筹集，其发放的条件要富有吸引力，国际贷款的收益将转交给协约国，德国将尽力偿付国际贷款的利息，建立偿债基金。

3. 德国在收支平衡的基础上暂以4%的利息率支付利息。

4. 在收支平衡的基础上，偿债基金的大小视德国经济复苏的情况而定。

5. 为求上述部分内容的履行，德国须根据协约国首肯的方案对遭受战争破坏的地区予以切实的自我重建，此外还须基于商业的原则进行实际物资的交付。

6. 德国"就其表现出来的能力"预备承担协约国对美国的

---

[1] 全文见附录 V。

债务。

7. 为体现诚意，德国须立即提供一笔 5 000 万英镑（以黄金计算）的保证金。

如果我们把它与西蒙斯博士所给出的第一份意见书进行比较，可以看出，由于没有再谈及从 25 亿英镑的总数中扣除所谓的（实际上就是一种臆想）在 1921 年 5 月 1 日之前交付价值达 10 亿英镑的物资，所以，这个方案已经较之前要好上了一半之多。如果我们假设国际贷款可达 2.5 亿英镑，则利息和偿债基金要用去其中的 8%，[1] 这样来算的话，德国每年立时即要支付 1.1 亿英镑的资金额，而且将来根据德国的复苏情况，这一数字还可能会继续增大。

由于美国政府私下里也先认定协约国不可能接受这一意见，所以它并没有正式地发布这份意见书。[2] 因为这个原因，而且还由于它很快就被之后召开的第二次伦敦会议所遮盖，所以，这样一个坦率的意见从未引起它本该受到的关注。这份意见书几经斟酌，表达准确，可能代表了德国的最大支付能力，若想再多已经很难。

但是正如我所言，这一提议几乎没有给人留下什么印象；它基本上被新闻界所忽略了，我们也极少在其他什么地方看到对它的评论。这是因为，就在第一次和第二次伦敦会议之间的这两个月，发生了两件大事，这两件事意义重大，使得形势发生了实质性的变化。[3]

第一件事就是 1921 年 3 月上西里西亚全民公决的结果出来了。早前

---

1 像这么一大笔贷款其现实的可行性，自然很值得怀疑。

2 据报道，德国政府也曾提出过另外一种方案，愿意接受美国总统所确定下来的任何数额。

3 驳议未能奏效，制裁开始之后，赫尔·菲仁巴赫（Herr Fehrenbach）和西蒙斯博士所组成的内阁就被沃斯博士（Wirth）组织的内阁取代。

对德国赔款的要求，悉以上西里西亚是否留在德国而定；而面对公决结果，目前这一情况是协约国所无法接受的。但是现在来看，德国实际上是有权保留这个国家的大部分国土的，而且很可能对于绝大部分的工业区，德国都可以掌握在自己手中。不过，这一结果对于法国和其他协约国在对待这一问题的政策上的尖锐分歧，会起到进一步恶化的效果。

第二件事是赔款委员会所认定的在条约框架下德国的赔款总额，这一决议在1921年4月27日传达给了德国。协约国的财政部部长们曾预判这一总额可达3 000亿金马克；待到巴黎决议，负责任的舆论预期此数当为1 600亿到2 000亿金马克之间；[1]而《〈凡尔赛和约〉的经济后果》一书的作者——我本人——当年认为这个数字应当在1 370亿时，[2]各种毁谤铺天盖地而来，而这个数字是他所能做出的最为接近实际情况的估计值了。因此，当赔款委员会宣布他们一致认为这个数字应该为1 320亿金马克（也即66亿金镑）时[3]，不但公众，而且政府也大感意外。现在来看，人们曾以为对《凡尔赛和约》所赋予的负担有切实的减轻，而德国犹然毫不领情的巴黎决议，实际上并不是那么回事；而当时德国由于拒绝签署巴黎决议，其国土正受到侵犯，巴黎决议的那些条款，较之于和约本身，在有些方面是更加严厉的。我将在第四章详细地就赔款委员会的认定进行审视。这一认定将赔款问题置于新的基础上加以考虑，如若不然，伦敦的那些决议本不大可能会给出。

赔款委员会的决议，再加上按照条约的规定，必须要在1921年5月1日颁布确切的赔款方案，这都为重新启动这整个问题提供了充分的基

---

[1] 至迟在1921年1月26日，多摩尔先生（M. Doumer）即给出过2 400亿的预测。

[2] 此处原文有注的号码，但是并无此注。——译者注

[3] 给比利时的战争贷款，到期要偿付的金额是另算的。

础。德国已经拒绝了巴黎决议，制裁也无法改变自己的态度；因此，《凡尔赛和约》的管理方式又重新回归；而根据《凡尔赛和约》，赔款委员会是要给出一个方案来的。

在这样的情况之下，协约各国在1921年4月的最后几天里一再聚于伦敦进行磋商。在这里达成一致的方案，真正属于最高委员会的工作成果，不过，《凡尔赛和约》所要求的形式则予以了保留，赔款委员会被从巴黎召唤到伦敦，把最高委员会的法令当作他们自己的方案来加以接受和公布。

这一会议是在极为紧张的环境之下召开的。白里安先生此时发现，他必须要向议会宣称，他打算在5月1日占领鲁尔区，只有这样才可以安抚议会。这种从巴黎会议开始推行的激烈而不合法的政策，迄今为止一直就只包含着一种完全是幻想的成分，幻想着这项政策不会带来它所假扮的那种对欧洲繁荣与和平的危险。但是现在，一旦事态演变到了某种程度，有些事情，无论好坏，注定要发生的似乎必然就会发生；为之忧心的原因比比皆是。劳合·乔治先生和白里安先生携手走到了悬崖的边缘。劳合·乔治先生在悬崖之前若有所思；而白里安先生则对眼前的胜景盛赞不已，登高览胜之情，令其大感兴奋。劳合·乔治先生完全沉浸在了他那病态的习惯性体味当中不能自拔，他一定会在最后选择退却，同时还会这样解释道，对于白里安先生的立场他是多么同情。可是，白里安先生又将何以自处？

在这种氛围下，会议召开了，而且在综合考虑了所有这些情况，包括过去那些政府首脑所给出的种种承诺之后。总体而言，说这一结果也是所取得的胜利，倒也是讲得通的，尤其因为协约国那边决定回归条约范围之内，重新走在合法的道路上。在这次会议上达成一致的新建议，无论是否可行，都是在《凡尔赛和约》允许下的发展，就此方面而言，它们与之前在 1 月达成的巴黎决议是不可同日而语的。无论《凡尔赛和约》多么地不堪，伦敦方案总是给出了从比条约更坏的政策上逃脱的道路，这种政策不过是仅凭着自己所拥有的优势力量任意妄为罢了。

在这一方面，伦敦的第二次最后通牒是不合法的；因为如果德国拒绝这次的最后通牒，它就要威胁占领鲁尔河谷，而这一威胁并不合法。但是，之所以如此则是因为白里安先生的缘故。为了回到国内以后实现对内沟通的目的，他的底线要求是，应该至少能够利用他正在匆忙离开的那段悬崖的胜景而给国内的民众一个交代。而这次最后通牒对于德国在所签署的条约上未尝给出承诺的方面，却也没有提出什么要求。

出于这一原因，我认为，即使这次的最后通牒仍然包含了一些根本不可能予以执行的要求，德国政府还是应该接受这一本不具有资格的最后通牒。不管是吉是凶，德国总是已经签订了《凡尔赛和约》的。新方案并没有给和约所加诸的负担更增添分毫，（未来）在某些方面减轻负担之前，仍然需要就此给出永久而合理的解决。1921 年 5 月，正式批准此次最后通牒，与《凡尔赛和约》是相符的，而且仅仅是把过去两年德国有其理由预期到的那部分予以执行而已。它并没有要求德国马上就来实施——也就是说，不要求在接下来的六个月内完成——任何自己目前无能为力的那些事情。在条约的框架下，要实现赔款账户的平衡需要在 5 月 1 日即刻支付 6 亿英镑（以黄金计），而这笔根本无法完成的支付金额，在这个最后通牒中是被抹去了的。而且最重要的是，它让占领鲁尔区不再有其必要，保卫了欧洲的和平局面。

在德国，坚持认为德国在威胁之下虚伪地承认自己本无可做到的事情是大错特错，这样的人大有人在。但是，对于在自己曾经签字认同的条约之下所给出的合法的通告，德国顺从地加以接受，并非什么威逼之下的虚伪之举。接受这样的最后通牒，也不意味着德国最近通过美国总统，就其最终诚挚地认为德国实际上的能力限度所做的沟通，就不再算数了。

然而，德国的主要困难正在于这样一种情绪的存在。英国或美国的人们无法理解，强迫德国不仅要按照条约的规定来行事，而且还必须要认同自己实际上不愿意接受的那些信念，对自己的自尊伤害得有多深。在文明的国家里，即便真的能证明那些犯错的国家有罪，真要以武力迫使它们公开承认，仍然是很不寻常的；在一番审问之后，使用武力强迫其遵守一种信仰，而之所以要遵守这种信仰，只是因为我们自己相信它，这件事仍然是非常野蛮之举。然而，协约国正是在这样的基础和颇具伤害性的习惯上来对待德国的，而且还用刺刀强迫这个民族最终通过其代表谦恭地背诵那些他们认为并不真实的东西。

不过，在第二次伦敦最后通牒中，协约国并没有再继续沉浸在那种狂热的情绪当中，而且也没有打算这样去要求德国。因此，我希望当时德国能够接受协约国的通告，并尽力地遵守它，无论报纸说些什么，都永远相信这整个世界并不是那么不可理喻、缺乏道义；时间可以治愈一切，也终将会说明一切；对于战争的经济解决之道，欧洲和美国最终一定能以智慧和仁爱来加以解决，而在此之前，我们仍然还不得不再等上一等。

附记 1

煤　炭

对于赔款，煤炭问题具有着相当的重要性，这不仅是因为（虽然条约对此有所夸大）它是德国进行赔款支付的重要形式，而且也因为煤炭的供应对于德国国内经济的复苏也会产生影响。直到1921年年中，德国的赔款支付几乎全部都是用煤炭做出的。而煤炭问题也是斯帕会议的主要议题，在这次会议上，协约国政府和德国政府第一次面对面地进行了沟通。

在条约框架之下，德国需要每个月供应 3 400 000 吨煤炭。由于我们在《〈凡尔赛和约〉的经济后果》中所详细解释的那些原因，这个总数华而不实，是不可能得到实现的。相应地，赔款委员会在 1920 年第一季度将其要求降低到每个月供应 1 660 000 吨，第二季度降低到每月供应 1 500 000 吨；而第二个季度，德国实际供应的煤炭为每个月 770 000 吨。最后的这个数字非常之低，而在这个季度，全世界的煤炭供应都吃紧，而且价格高企。因此，斯帕煤炭会议的主要目标是要确保德国对法国的煤炭供应有所增加。

这次会议在获取煤炭方面是成功的，而且对于德国来说，其条款也不是那么不可接受。多轮谈判之后，所达成的协议要求，从 1920 年 8 月起的六个月之内，每个月固定供应煤炭 200 万吨。而且德国代表成功地说服了协约国，表示除非德国的矿工能够得到更好的营养，否则的话很难完成这一任务，而这就意味着德国需要其他国家向自己提供信贷。因此，协约国同意为了这些煤炭而切实地**付给**德国一部分钱，可以让自己利用这笔钱来从国外多买些食品，以改善矿工们的生活状况。这笔资金的绝大部分是以贷款的形式付给德国的；但是，由于它是作为赔款物资（例如船只）的价值而进行抵补的，所以它确实算得上是就这些物资的部分价值而对德国进行了偿付。在这些安排之下，德国总的现金收入[1]实际可达约 360 000 000 金马克，[2]这个数字是就总的供应物资平均下来的

---

1 根据《斯帕协议》（参看附录Ⅰ），对于**全部**的煤炭供应，德国每吨可以得到现金 5 金马克，在经由陆路供应的情况下，"可以借出"（即抵补赔款）德国内陆价格和英国出口价格的差额。在斯帕会议召开时，这一差额大约每吨为 70 先令（100 先令减去 30 先令），但是在**经由海运**供应煤炭的数量无法确定的情况下，这一数额是不会预付的。预付款项在协约国之间按比例分摊，法国占 61%，英国占 24%，比利时和意大利占 15%。

2 有关这些支付的详情，可参看原书第 124 页。

每吨 40 先令的标准下计算出来的。由于这个时候德国的国内价格是 25—30 先令，所以德国政府以国外货币所得到的收入，要大大高于他们必须要支付给国内生产者的煤炭价值。每月 200 万吨的这个较高的数字，还包括了给德国交通和工业部门的短期供应量。不过，在 1920 年秋冬，资金奇缺，对于德国的食品计划，这些钱实在是一笔非常重要的援助（而且就战前债务方面这些钱对于应付德国债务也至关重要）。

从这个关节点开始记录之后的煤炭供应的历史情况，是一种方便的做法。在接下来的六个月时间里，德国基本上完成了斯帕会议上所签订的协议，每月的供应在 200 万吨左右，8 月是 2 055 227 吨，9 月为 2 008 470 吨，10 月达 2 288 049 吨，11 月是 1 912 696 吨，12 月为 1 791 828 吨，次年 1 月为 1 678 675 吨。1921 年 1 月底，斯帕协议到期，而此时德国在没有任何收入和现金返还的情况下，仍需继续供应煤炭。为了填补斯帕协议下不断累积起来的赤字，赔款委员会要求在 2 月和 3 月每月供应 2 200 000 吨煤炭，并要求在之后的各个月份均要按照这一标准提供煤炭。然而，和其他时候一样，像这么大的供应量，赔款委员会的要求一直停留在纸面上。德国无力完成这一要求，在接下来的六个月时间里，其自身实际的供应量在该年 2 月为 1 885 051 吨，3 月为 1 419 654 吨，4 月为 1 510 332 吨，5 月为 1 549 768 吨，6 月为 1 453 761 吨，7 月为 1 399 132 吨。而赔款委员会并不是想要那么多煤炭，默认了德国供应的数量。事实上，1921 年上半年，较之于之前的六个月，形势发生了明显的逆转。尽管英国、法国和比利时发生了煤炭工人罢工，但是由于此前它们的库存充裕，而且钢铁贸易非常萧条，所以，仍有煤炭供过于求之虞。如果德国严格遵守赔款委员会的要求，那么，接收这些煤炭的国家尚不知该如何处置。虽然如此，从德国得到的这些煤炭，其中有一部分还是卖给了出口国，法国和比利时的煤炭工人短时期则处在了失业的危险当中。

德国矿煤总产出的统计数字如下（表1），其中不包括阿尔萨斯-洛林、萨尔区和巴拉丁地区，计算单位为百万吨。

表1 德国矿煤总产出　　　　　　　　　　　　　　　　单位：百万吨

	1913年	1917年	1918年	1919年	1920年	1921年（前九个月）
不包括上西里西亚的德国煤炭产量	130.19	111.66	109.54	92.76	99.66	76.06
包括上西里西亚的德国煤炭产量	173.62	154.41	148.19	117.69	131.35	100.60
占1913年煤炭产量的百分比（%）	100	88.9	85.4	67.8	75.7	77.2

粗褐煤的生产量（我没有将这些煤炭转换成等价的矿煤产量，以免引起争议）从1913年的87 100 000吨，提高到1919年的93 800 000吨，1920年提高到111 600 000吨，1921年前三个季度提高到90 800 000吨。

对于允诺给德国有关这些煤炭供应的价格之管理，斯帕协议就那些并不恰当的条件提供了暂时的喘息之机。但是，随着这一协议到期，这些并不恰当的条件再次引起了关注。按照条约的规定，在**经由陆路**供应煤炭的情况下，"德国本国人享有的煤炭价格"再加上运送到边境所需要的运费，赔款委员会是需要支付的；在**经由海运**供应煤炭的情况下，赔款委员会要按照出口价格进行支付；条件是在每种情况下，其价格不超过英国的煤炭出口价格。现如今，由于各种国内的原因，德国政府认为，对于本国人购买煤炭，其价格应保持在远低于世界价格的水平上，而这样一来，德国再提供用于赔款支付的煤炭时，所得到的报酬就大大低于这些煤炭的实际价值了。截至1921年6月，该年度各种不同的煤炭平均最大的法定价格大约为270马克1吨，这还包括20%的从价税，[1]而

---

[1] 这一非常重要的税种从1917年开征，按照1920—1921年的马克计算，其税额在45亿马克。

通行的交易价约为 20 先令，也即处在彼时英国煤炭价格的三分之一到二分之一之间。马克汇率在 1921 年秋季的下跌，扩大了这一差距。这是因为，虽然德国的煤炭价格按照纸币马克来计算的确有了大幅提高，并且英国煤炭的价格大幅下滑，但是，汇率的变化还是远远地把其他因素带来的影响给抛在了后面，以至于在 1921 年 11 月份，英国煤炭的价格大概 3.5 倍于来自鲁尔区最好的烟煤价格。因此，不但德国的制铁业主在与英国的生产商竞争时处在有利的地位上，而且比利时和法国的工业也因接收了价格如此低廉的煤炭而大受其益。

在这个问题上，德国政府的确是进退维谷。煤炭征税的增加，是收入增加的最显然的一个来源，从财政部部长的立场来看，由于征税可以相应地提高赔款的信贷规模，所以这项税收可以带来双重的好处。但是从另外一方面看，这一方案把两个互相反对的群体给团结了起来，一个群体是工业家，他们希望为工业提供廉价的煤炭，另外一个群体则是社会主义者，他们希望给国内的居民家中的火炉带来价格低廉的煤炭。从收益的角度观之，这项税收可能会带来收益递增 20%—60%；但从政治的立场来看，税收收益递增 20%—30%，已经是目前所能达到的最高限度了，在这个限度内，价格的变化尚可取得国内消费者的认同。[1]

借此机会，对我在《〈凡尔赛和约〉的经济后果》一书中处理煤炭问题的那些部分，我要进行一些订正，或者再做一些深入的思考。

1. 上西里西亚的命运与《〈凡尔赛和约〉的经济后果》一书第四章 [*JMK*，第二卷，第 52—57 页] 中有关煤炭的结论有着高度的关联。

---

[1] 沃斯博士（Dr. Wirth）的第一届政府预备了一项法案，打算强力把这项税收提高到 30%，但最终还是暂时地将这个税率减到 25%。据估计，30% 的税负可以带来 92 亿马克的收入。

在那里，我曾写道："德国多个权威机构宣称，从选举的投票结果来看，三分之一的居民投票赞同把上西里西亚划归波兰，三分之二的居民投票赞同将它划归德国，当然它们的宣告中也不无彼此矛盾之处。"这一预测最终看来与事实情况可谓是若合符节。我也曾极力主张，除非公投结果是我所未曾预期到的，否则的话，那些工业地区应该划归德国。但是，考虑到法国的政策变数，我对此是否会最终实现并无确切把握；因此，在我所给出的数据里，我考虑到了德国将会丧失这些地区的可能性。

协约国实际上的决策是根据国际联盟委员会给出的建议做出的，协约国把这一事务委托给了这个委员会，我们在上文（原书第6—8页）对此已经给出简要的讨论。这项决策把这个工业上的三角地区在两个对之提出领土要求的国家之间进行了分割。据普鲁士贸易部的估计，上西里西亚煤炭探明储量的86%的地区划归了波兰，只给德国留下了14%。德国实际掌握的煤矿数量在比例上要稍微高一些，当前的煤炭生产中有64%分属波兰，德国占了36%。[1]

因此，《〈凡尔赛和约〉的经济后果》一书对不久的将来德国**除掉**上西里西亚地区的煤炭净产量（即扣除掉煤矿本身的消耗）所给出1亿吨的数字，应该改为（比如）1.15亿吨，这是把如今划归德国的上西里西亚部分考虑在内的结果。

2. 我恳求更正《〈凡尔赛和约〉的经济后果》书中的一个脚注，它给人们带来了误导，我在那个脚注中写道："波兰战前每年对煤炭的需

---

[1] 同一家机构估计，上西里西亚85.6%的锌矿生产以及全部的锌矿石提炼均归于波兰。由于战前上西里西亚承担着全世界锌矿石生产的17%，所以这一结果还是颇为重要的。钢铁生产区域中的63%归属波兰。对于这些数字，我无法进行复核。有些权威机构甚至认为，划归波兰的产煤区在比例上还要高一些。

求。"而其实我本来应该写成"战前的波兰战前每年对煤炭的需求"。由于我曾考虑到领土的丧失将会导致德国对煤炭的需求减少,所以这个错误在文中的语境下并不怎么重要。但是我得承认,这个脚注可能会因书的出版而带来误导。同时,我想,那些心怀偏见的批评人士对脚注中"波兰"一词之前漏掉"战前"二字而死抠住不放,这个错误给了他们口实,让他们由此而对《〈凡尔赛和约〉的经济后果》一书总体上的准确性大加挞伐。围绕着它,已经产生了大量的文献。波兰议会1921年1月20日累日对这个脚注进行讨论,并且给出颇富爱国主义色彩的分析,最后,形成了一个决议,由国家出资,将议会上的主要发言[其代表是A.威尔斯比基(A.Wiersbicki)]安排出版,向全世界发行。如果由于我的疏忽而造成波兰马克的贬值,那我深表歉意。但是威尔斯比基先生这样开场:"凯恩斯写了一本书……他曾是一本论印度的名作的作者,印度这个地方,可是英国皇冠上的明珠,英国人尤其喜欢把这块土地当作他们研究的主题。正是诸如此类的研究,给这个人赢得了声名"——此君以这样的语气来对我,颇有些过分。他最后总结道:

> 可英国也得相信事实!凯恩斯的书蕴含着博爱的精神,充满着对摈弃自私之见的必要性之理解,但他在数据上犯下了错误,这样的错误给政治家和政客们有关上西里西亚的看法带来了诸多混乱。如果他承认他犯下了这样的错误,澄清真实的数据情况,那么,他就会想亲眼来看上一看,之后一定会成为波兰的朋友,认识到波兰在西里西亚的自然财富发展上乃是一个积极的因素。

这个批评如此宽厚而雄辩,我应该表示感谢才对。现在我就来引述一下经过改正之后的数字,罗列如下:经和平条约而统一在新波兰国家治下的领土,在1913年共消耗煤炭19 445 000吨,其中8 989 000吨是在该领土之内生产的，7 370 000 吨由上西里西亚进口（该年度上西里西亚的总产量为 43 800 000 吨）。[1] 西里西亚公决之前，两方均大肆展开宣传。对于所涉及的经济问题，波兰一方在这方面的文献尤其推荐：威尔斯比基，《有关上西里西亚的真相》；奥尔祖斯基（Olszewski），《上西里西亚，其对德国的经济生活以及问题的解决之影响》；以及《上西里西亚分别对波兰和德国的价值》。德国一方的文献有：西德尼·奥斯本（Sidney Osborne），《上西里西亚问题和德国的煤炭问题》；《上西里西亚问题》（论文作者不一，不全是德国的，其中西德尼·奥斯本所编制的地图非常出色）；许茨-加佛尼茨（Schulz-Gavernitz）教授的各种小册子作品，布雷斯劳商会散发的文件。

3. 我对德国供应煤炭以抵补赔款的能力之评论，在有些地区受到了批评，[2] 他们认为，我没有充分考虑到德国通过更加密集地开采其褐煤储备从而可以取得的弥补。这一批评有欠公允，因为在争论中我是第一个提请大家注意褐煤这一要素的，而且从一开始我就很谨慎地承认自己这方面知识上的欠缺。[3] 虽然如此，我还是发现，当专家的意见彼此矛盾时，要想认识这些内容具有多么大的重要性，是何等之难。由于停战协议的达成，煤炭产出已经出现切实增加，1921 年上半年要比 1913 年

1　这些数字是根据波兰一些权威机构而得出的。不过，对于一块与之后出现的国家均不毗连之地区，要想得到有关战前情况的精确数字，还是非常困难的；而且这些总数还曾在细节上受到过 W.绍特博士（Dr.W. Schotte）的质疑。

2　例如可以参看我在《泰晤士报》上与布伦尼尔先生的争辩。

3　在《〈凡尔赛和约〉的经济后果》中，我这样写道："于此，必须特别提醒读者，上述计算并没有把德国褐煤的产量考虑在内，除去做成煤饼的那 2 100 万吨之外，1913 年，德国的粗粒褐煤还剩余 1 300 万吨。不过，在战前，除去以上假设的煤炭数量之外，这个数量的褐煤乃是德国之所必需的。关于德国煤炭的损失在何种程度上可以由广泛使用褐煤，或者通过目前这种节约方式的使用而获得补偿，我无力就此置喙；但是，有一些权威人士认为，通过更多地重视其褐煤储量，德国可以使其在煤炭上的损失获得充分的补偿。"

高出36%。¹ 鉴于煤炭严重短缺，这个产出量对于应对当时的局面必然帮助很大。这些矿床近于地表，生产这样的产量并不需要大量资本或机器设备。而且，褐煤的煤饼只是用于某些特定目的时可以作为煤炭的替代品使用，进一步的深入开采是否在经济上可行，目前从各方的情况来看也是彼此冲突的。²

把粗粒褐煤制成煤饼的过程可能存在着浪费，而且，为了大规模生产之目的而设立新的工厂，这件事是否值得去做很值得怀疑。一些权威机构坚持认为，褐煤真正的未来以及其作为德国未来财富中一个要素的价值，乃在于对**提炼**方法进行改良（在这方面目前的主要困难，和其他方面对它的使用一样，在于提炼过程中需要大量的水）。通过改良，藏在褐煤中的各种油脂、氨水和汽油就可以被析出，用于商业目的。

有一点可以肯定，褐煤的这种未来的可能性不应该被忽略。但是，正和不久之前碳酸钾的情况一样，现下却有那么一种风潮，夸大褐煤的重要性，甚至认为它是德国财富生产能力中的一个关键要素。

附记 2
占领莱茵河东岸德国领土的合法性

1920年到1921年，由于法国的军队开进了莱茵河东岸的德国境内，

1　这就是说，1921年年中的生产率大约为每年1.2亿吨。彼时，法定的最高价是每吨60纸币马克（即不足5先令）；因此，按照货币计算的这一产出的国家得益不可能是一个很大的数。

2　为了确保这一增加了的产量能够维持不坠，矿工队伍大大膨胀，从1913年的59 000人，一跃达到了1921年上半年的171 000人，远远超出了正常的比例。结果，褐煤的生产成本飞速上升，大大超过一般煤炭的生产成本。同时，由于同样一单位的重量，褐煤的含热量远低于煤炭（即便制成煤饼也是一样），所以，除非在运输费用上享有优惠，否则，它就只能在邻近矿区的有限区域内与煤炭竞争。

局势充满着变数，形势严峻。1920 年 3 月，在未经其盟国许可的情况下，法国占领了法兰克福和达姆施塔特。1920 年 7 月，协约国作为统一阵线威胁入侵德国，目的在要求德国执行斯帕协议，这一威胁取得了成功。1921 年 3 月，在确保德国遵守巴黎决议上，协约国故技重施，扬言要占领杜伊斯堡、鲁尔和杜塞尔多夫，最后却以失败告终。尽管其他的协约国国家一再反对，在德国接受了第二次伦敦最后通牒，从而使占领德国领土的最初理由不再成立时，法国仍然强行侵入德国，所给出的理由是，只要上西里西亚问题一日不决，他们就一日不撤出德国，这也是福煦元帅给出的说法。[1] 1921 年 4 月，法国政府宣布他们企图占领鲁尔地区，不过最终这一企图由于受到其他协约国的压力而未能实现。1921 年 5 月，协约国威胁要占领鲁尔河谷，此举成功地使得德国接受并执行第二次伦敦最后通牒。因此，在一年多的时间里，威胁侵入德国莱茵地区之外，反反复复地搞过五次，其中两次是做了真的。

我们是打算与德国和平相处的，在和平时期入侵一个国家总是一种非常之举，即便是被侵入的国家无力抵抗，我们也不能为所欲为。我们如果还打算维护国联的旗帜，也必须尽量避免这种行为。不过，法国人可不这么认为，显然英国政府也经常不是这么想的，他们认为，根据《凡尔赛和约》，这类行为从某些方面来看是被允许的，只要德国对于和约的任何部分出现了技术性违约现象，也就是说，不管在任何时候，德国只要不能十足地执行和约的某个部分，他们就有权做出占领德国领土的决定。法国政府尤其固执己见，1921 年 4 月，他们仍然表示，只要德

---

[1] 在 1921 年 8 月的巴黎会议上，科茨恩勋爵（Lord Curzon）曾徒劳无功地试图劝说法国放弃这一不合法的占领行为。1921 年 10 月 1 日，协约国方面又提出了所谓的"经济制裁"。尽管这里给出的两个入侵德国的理由均已不复存在，但是法国依然占领着德国这些地方的领土。

国拥有任何的有形资产,关于赔款它就是故意违约,而如果它故意违约,则任何一个协约国国家都有权侵入德国国境并行掠夺之能事,而无需为战争行为感到内疚。在此之前的3月,协约国还曾整体发声,表示造成和约赔款条款之外的其他条款之违约,协约国也可以据此入侵德国。

虽然从这些表现来看,现今对合法性的尊重已经微不足道,但是,条约所赋予的法律权利仍然值得我们做一番认真的检视。

《凡尔赛和约》明确规定了有关德国赔款违约的条款。对于其他方面造成违约的,它则没有规定什么特殊条款,因此,切实而言,这类违约与对任何其他条约的违背,其地位应是一样的。相应地,我根据赔款违约和其他违约来分别进行讨论。

条约中赔款一章附记Ⅱ第17节和第18节内容如下:

(17) 根据目前条约的这部分之规定,一旦德国在任何履行义务的表现上出现违约的情况,委员会要立即将这类违约行为通知每一个涉及其利益的国家,就委员会可能认为必要的情况,针对这类违约的后果应采取什么行动,委员会要给出自己的意见。

(18) 协约国及相关国家有权在德国违约时采取的措施,德国不应将其视为战争行为,这些措施包括经济和金融方面的禁令与报复行为,还包括一般而言德国政府届时会认为有其必要的其他措施。

在条约第430款中也有一项规定,根据此项规定,如果德国无法履行其有关赔款的责任,则任何已经撤军的被占领地区可以重新进行占领。

法国政府紧紧抓住第18节中的"还包括一般而言德国政府届时会认

为有其必要的其他措施"这句话不放，认为正是这句话给了他们充分的自由行动之权。不过，根据同类原则[1]，这句话从整体上来看是支持这样的意思表示的，即经过周密考虑的其他措施乃是具有经济和金融方面报复性质的措施。从条约的其他部分对占领德国领土的权限严格地进行限制这个事实来看，上述这个意思表示应该是可信的，正如塔尔迪厄先生的书所述，这一点也正是在巴黎和会上法国与其盟国存在尖锐的观点对立的地方。而关于占领莱茵河右岸，并**无**任何条款授予这样的权利；只是在第 430 款中包含唯——项规定，允许在德国违约情况下占领其领土。这一条款提供了**一旦**德国违约即可**重新占领**莱茵河**左**岸地区的行动依据，而如果法国的看法正确无误，那么制定这一条款就完全没有任何意义可言，纯粹是多此一举。实际上，在接下来的 30 年里，只要德国没有履行条约中的任何一个字眼，任何一个协约国国家随时都可以入侵德国的任何一个地区，这个理论很显然并不合理。

不过，无论怎么样，赔款一章中附记 II 的第 17、18 两节只能是在赔款委员会已经着手实施了一个具体的程序之后才能生效。赔款委员会将德国违约的情况通报各利益相关国家，其中大概也包括美国在内，并就采取何种行动给出建议，这本是赔款委员会的职责所在。如果这种违约是故意为之——没有哪一条款规定由谁对此做出判断——那么，我们所讨论的这些段落就变得具有操作性了。这里对于单个协约国独自采取行动，并没有给出什么正当的理由。而事实上，迄今为止，赔款委员会还从未动用过这一程序。

---

[1] 同类原则（principle of ejusdem generis）是指当合约条文先列举了一些特定的事项，其后再用概括性用词（general word）附加一般事项时，后者解释只能局限于与前面列明同类性质的事项（things of like nature），这里的事项包括行为（deeds）、物件（articles）、人物（persons）、事件（events）及状态（status）等等。——译者注

38　　另一方面，如果德国被认定违背了条约中的某些其他的条款，那么，协约国除了求助于国联之外并无其他途径；而和约第 17 款必然会被它们付诸实施。在国联的会员国与非会员国发生争端时，适用此款。也就是说，除了上述详细解释的赔款委员会这一程序之外，对条约的背弃，或者视同违约之行为，当与对处在和平时期的两个国家之间的任何其他条约之背弃情况完全一样。

根据第 17 款，倘若国联的一个成员国与一个非成员国之间产生争端，"为了解决这样的争端"，后者"会被请求接受国联成员国的责任标准，这可能是最高委员会认为公平的那类条件。如果它接受了这样的请求，则包括第 12 款到第 16 款在内的那些规定，在经过最高委员会认为必要的修改之后，也应该适用。非成员国接受了这类请求之后，最高委员会应立即着手对争端的具体情况进行调查，并就它认为在这些情况下可能是最好以及最有效的行动进行推荐。"

第 12 款到第 16 款，当然还有其他的条款，对于"有关条约解释、国际法问题、已经确认的构成对某一国际义务之违背的事实之存在，或者因违约而要求做出的赔款之程度和性质有所争议"时，提供了仲裁原则。

因此，倘若德国违约或视同违约，除了在上述授予给赔款委员会的权力下，或在和约第 17 款之下这两种情况之外，作为条约签署国的所有协约国国家完全可以不再受条约的约束。有关它们的任何其他法案都是非法的。

不管怎么说，根据第 17 款，一旦德国与协约国国家发生争端，为解决争端而请求德国接受国联成员国之义务，并立即发起对争端具体情况

39　的调查，乃是国联最高委员会的**职责所在**。

在我看来，德国政府于 1921 年提交给国联最高委员会的抗议书，表

达得甚为恰当。但是，如同在赔款清单中加入抚恤金这一项一样，当国与国之间的非法举措是由其他国家的过错所致时，对于这样的举措，我们蓄积了满满的愤怒之情。有人告诉我，对这样的举措加以反对，是在忽略"人性的要素"，因而不但是错误的，而且愚不可及。 40

第三章　伦敦和解方案中的重点

协约国在1921年5月5日通告给德国的赔款解决方案,德国在数日之后接受了。这一方案在条约的基础上制定了明确的计划,根据这个方案,德国接下来两代人要承担起所欠下的债务。[1]它让人无法忍受。但是,一切**木已成舟**,所以我们还是来对它详加检视一番吧。[2]

这个解决方案可以分为三个部分,包括:(1)关于交付债券的规定;(2)关于在柏林设立抵押品协约国委员会事宜;(3)关于用现金和实物来进行实际支付的规定。

1. **债券的交付**。这些规定是条约自身中类似规定的最新版本。协约国的财政部部长们用这样的希望来鼓励他们自己(或他们的选民),德国债务最高赔偿额中有一个部分,也许可以期待将未来的赔款支付以债券的形式卖给私人投资者来筹集。为了达到这个目的,德国一定要将其可兑付债券交付给协约国。而这些债券并不会给德国造成**额外**的负担。它们只是一些这样的票据,根据其他的条款,对德国将要在每年支付给赔

---

[1] 这个方案一开场就说,该方案是"与《凡尔赛和约》第233款的精神相一致的"。该条款规定,赔款支付方案要规定赔款要在30年之内完成,在这个时期结束之际,若有未付余额即为"延期"或"另案处理"。不过,在这次的实际解决方案中,最初的30年限制则被忽略了。

[2] 全部文本在附录VII中具体给出。

款委员会的资金额拥有所有权。

销售这类债券，对于协约国来说，好处是明摆着的。如果可以摆脱这些债券，它们就可以把德国违约的风险转嫁给其他国家，可以让全世界很多人参与进来，不让德国违约，而且这还可以保障在它们的预算处于紧急情况时实际所需要的现金。但是，这个希望不过是幻想而已。到最后，真正的解决方案制定出来时，可能对于德国政府来说，在世界对其最低支付能力的估计范围之内，提出考虑适当数量之下的国际贷款方才是现实之举。但是，虽然这个世界确实有那么一批愚蠢的投资人，可要相信现下会有那么多这么傻的人，把如此庞大的贷款一举拿下，那也真是有点乐观的。目前，法国要想在纽约市场上提出贷上一笔规模算是中等的款项，利息率差不多在10%左右。由于所提议的这种德国债券会带来5%的利息，再加上1%的偿债基金，所以除了赎回本金之外，在它们能够取得10%的收益之前，就须得先把价格降到57。因此，在这些债券票面价值的一半之上将它们卖出去，已经是很乐观的预想了。即便是这样，全世界也不会把目前储蓄中的较大比例投资在这上头，所以，下面给出的这类A债券，就不可能在这样的价格水平上整个地销售出去。此外，供应这类用于销售的债券，要在德国支付能力的最低预期之内开展（就像它只能做到的那样），对销售这些债券的协约国造成的财政影响，就好似根据上面讨论的价格向它们自己借入一笔资金一般。因此，除了那些自己的信用比德国还要不如的协约国之外，与根据自己的信用借入资金相比，销售债券所具有的优势也不是那么大！[1]

所以，就与这些债券有关的具体情况来看，这种办法不大可能具有

---

[1] 对于单个的协约国国家（例如葡萄牙）来说，请求它所占的那部分债券份额，并以可以取得的最好价格把它们卖掉，实在并没有这样的本事。根据《凡尔赛和约》第VIII部分附件II中的13（b）款，与销售这些债券有关的问题只有在赔款委员会一致同意的决策之下才能得到解决。

什么操作性，没有必要非常重视。它们真可以说是和会时期那种矫揉造作风气的遗物。下面我简单地把这些安排做一番记述：

德国必须以 A 类债券形式提 120 亿金马克（合 6 亿金镑），以 B 类债券形式提交 380 亿金马克（合 19 亿金镑），其余债务以 C 类债券形式提交，这部分暂时的估计在 820 亿金马克（合 41 亿金镑）。所有债券利息为 5%，另外再追加 1% 的偿债基金。A、B、C 三类债券分别构成对可获得的资金第一、第二和第三次索偿。A 类债券向赔款委员会发行，时间从 1921 年 5 月 1 日开始，B 类债券从 1921 年 11 月 1 日开始，而 C 类债券除非赔款委员会认为德国在新的解决方案下所做的支付足以承受，否则将不会发行（同时也不会产生利息）。

或许值得注意的是，发行 A 类债券每年将会花去 3 600 万金镑，这个数字完全处在德国的能力范围之内，发行 B 类债券每年将花费 1.14 亿金镑，两者的总数是 1.5 亿英镑，这个数额超过了我个人认为的切合实际的预期，但是没有超过有一些独立的专家对德国可能的赔偿能力所做的估计数值，这些专家的看法也是值得我们尊重的。或许同样值得注意的是，A 类和 B 类债券的票面总值（合 25 亿金镑）与德国政府所认同的对他们总债务的评估数额相符（在他们递交给美国的驳议中）。不管怎么样，C 类债券可能不只是要被推迟发行，而是会根本就取消发行，这或许是迟早的事情。

2. 担保委员会。这个新机构在柏林设有永久性的办公室，从形式和地位上说，它可以说是赔款委员会的一个分委员会。其成员由那些在赔款委员会拥有代表席位的协约国国家派出的代表组成，此外，如果美国同意提名，还会包括美国的代表。[1] 根据和约，这一机构所取得的权力与

---

[1] 该委员会将增选三名中立国的代表，而中立国只有拥有足够份额的债券才可以取得在该委员会的代表资格，当该份额下的债券可以在中立国证券市场上流通时，中立国方才具备增选代表的资格。

赔款委员会不相上下，而把更加宽广和不明确的权力分派给这个机构，目的是要对德国的财政系统进行总体的控制和监管。但是，这一机构所具有的确切功能在实际当中以及具体细节上是怎么样的，仍然晦暗不明。

根据其章程的字面意思来理解，该委员会可能是要执行一些颇为艰难而又安危系之的功能。有一些户头会以该委员会的名义设立，德国的海关收入、全部出口品价值的 26% 以及作为"担保"指定用于赔款支付的其他税收收入，将会以**黄金或外国货币的**形式存入这些户头。但是，这些收入主要不是黄金或外国货币，而是以纸币马克形式逐笔进账的。如果该委员会试图加以调整，把这些纸币马克换成外国货币，这实际就是在为德国的外汇政策担负起责任来了，如此作为并不明智。如果不把这些纸币马克换成外国货币，那么，要想弄清楚在德国遵从其他条款用外国货币来进行支付之外，这些"担保"实际上又增添了什么新的功能，就很困难了。

我认为，作为赔款委员会不可或缺的一部分，担保委员会是其设在**柏林**的一间分支机构，这就是它唯一而有用的目的；有关"担保"的条款，不过是在所有这些协议当中多增加的一个幌子，是政治要求和财政规定混合起来的产物。尤其在法国，大家都在谈"担保"，很显然，人们认为通过这样的手段，可以保证奇迹出现，不可能之事将会发生。"担保"和"制裁"绝非一回事。当人们谴责白里安先生在第二次伦敦会议上表现出的优柔寡断，谴责他完全屈从于法国人提出的"实际担保"要求时，这些条款是能让他充满愤慨地回绝这样的指控的。他可以指出，第二次伦敦会议不仅设立了担保委员会，而且还把德国海关作为新增添的担保项目而纳入进来。如果白里安先生这样说，那些谴责他的人是无法回驳的![1]

3. 有关现金和实物交付方面的条款。这些债券和担保只是一些手段和符咒而已。现在,我们来看这个解决方案中最实在的那个部分,也就是关于支付方面的条款。

德国需要每年对债务进行支付,一直到其总债务清偿完毕为止:

(1) 20亿金马克。[2]

(2) 与德国出口价值的26%相当的数额,或者用另外一种方式,与德国提出的任何其他指数相一致的固定的等价数额,而且这一指数委员会也能接受。

第一项按季度支付,时间分别在每年的1月15日、4月15日、7月15日和10月15日,第二项也是按季度支付,时间分别每年的2月15日、5月15日、8月15日和11月15日。

在对德国出口品的未来价值所做的合理估计之上计算得到的这个数额,大大低于条约最初的要求。按照条约的规定,德国的总债务共达1 380亿金马克(包括欠比利时的债务)。如果利率按照5%来算,再加上1%的偿债基金,为此每年需要支付的赔款数量将达82.8亿金马克。而按照这个新的方案,如果德国接受的不是现在这个数额,而是之前条约中规定的数额,那么,德国每年出口品的价值就必须提高到240亿金马

---

[1] 这样说的确是对诸如佛吉奥特先生(M.Forgeot)这类代表的一个极为充分的反驳。如果一个盲目的信徒或小孩子想要一件荒唐而充满危险的东西,那就拿一件荒唐而没有危险的东西来搪塞他,这样做可能比给他讲一大堆他根本听不懂的道理要好得多。这可是政治家和保育员们一贯的智慧表现。

[2] 德国的债务全部以金马克来确定。一般来说,按照英镑计算的黄金的价值随着美元兑英镑汇率的波动而不同。下表便于大家把金马克换算成英镑:

美元兑英镑汇率	每2 000金马克的英镑价值
4.52	£100
4.14	£120
3.82	£130
3.55	£140

克，这个数字是不可能达到的。我们下面将会看到，新和解方案所规定的这一负担，在近几年当中可能还不到条约中规定的一半。

还有另外一个重要的方面，在这方面，条约中所提出的赔款要求被大大压缩了。条约中包含着一条压倒性的条款，根据这一条款，德国名义债务中的一部分在前几年是不能够用于支付利息的，而后将以复利形式累计。[1] 新方案没有这样的规定；而且，C 类债券甚至规定，在来自德国的收入足以满足发行这些债券所需达到的要求之前，不需支付利息；要求支付利息的唯一条款规定，如果在所要求的收入之外犹有剩余，即以**单利**（*simple* interest）来计算。

为了理解这项解决方案中所体现出来的主动友好之诚意，重新来认识一下不久之前风行的那些观念是颇有必要的。为把资本额和每年的支付额在一个共同的基础上进行比较归纳，表 2 中的资本额的估计值是由其数量的 6% 的年金来代表的，这张表格很有意义，列之如下：

表 2

估计值	以 10 亿金马克表示的年金值
1. 坎利夫勋爵（Lord Cunliffe）[2] 在 1918 年英国中期选举时给出的数值[3]	28.8
2. 克劳茨先生（M. Klotz）在 1919 年 9 月 5 日的法国议会中给出的预测值	18
3. 1921 年 4 月赔款委员会的评估值	8.28
4. 1921 年 5 月伦敦和解方案中的估计值	4.6[4]

1　我们在《〈凡尔赛和约〉的经济后果》中对这个条款的作用进行过讨论。

2　沃尔特·坎利夫（Walter Cunliffe，1855—1920 年），第一代坎利夫男爵，曾在伦敦创立坎利夫兄弟商业银行（1920 年后更名为戈申与坎利夫银行），1913—1918 年间任英格兰银行总裁，时值第一次世界大战之际。1914 年被封为男爵。1918 年，他担任坎利夫委员会主席，并提交了坎利夫报告，该报告为一战后中央银行与政府的货币政策做出一项计划，并对财政政策起到了重要影响。——译者注

3　参看巴拉奇（Baruch），《〈凡尔赛和约〉中赔款与经济条款的达成》（*The Making of the Reparation and Economic Sections of the Treaty*），第 46 页；以及拉蒙特（Lamont），《巴黎和会上到底发生了些什么》（*What Really Happened at Paris*），第 275 页。

4　假设出口为 100 亿，这比 1920 年的实际数字高出一倍。

《〈凡尔赛和约〉的经济后果》(1919) 给出的估计值为 20 亿，大约与克劳茨先生提出 180 亿金马克这一数字同时。塔尔迪厄先生回忆称，当时和会在考虑是否在条约中添上确切的数字时，英国首相和法国总理所能接受的最低数字是年金 108 亿，[1]这还是迫于美国代表给予他们压力方才取得的折中结果，而这个数字是两年后两国迫于事实而非美国代表的压力所接受的数字的两倍半。

然而，伦敦和解方案中还存在着另外一个特征，正是这个特征，使这一和解方案不失为一种中庸的办法。在该方案中，赔款的日期之所以这样安排，是为了减轻德国第一年的负担。赔款年度从每年的 5 月 1 日开始，到次年的 4 月 30 日结束；但是在 1921 年 5 月 1 日到 1922 年 4 月 30 日，关于出口部分则只有两个季度，而不是四个季度，需要履行赔款义务。

因此，与之前的那些方案相比，这个和解方案就其自身而言无疑是更为合理的，作为一种真正和永久的解决办法，它一般来说会受到赞许，并被广泛地接纳。虽然它暂时作为和平的一个缓冲，赢得了喘息之机，并把人们从愚妄的预期当中转变过来，在这些方面它的确起到了重要作用，但它终非长久之法。与之前所有的那些方案一样，它也是一个权宜之计，最终必然还需要修正。

为了能够计算出总的债务负担，我们有必要对德国出口的价值做出估计。1920 年，出口总额约为 50 亿金马克。1921 年，这个数额将会更大，但是由于黄金价格下跌到了不到其先前水平的三分之二，故而虽然出口额更大，却受到了一定程度的抵消。对于从 1921 年 5 月 1 日开始算起的这一年来说，作为一个初步的预测，40 亿—50 亿金马克已经非

---

1 《关于条约的真相》(*The Truth about the Treaty*)，第 305 页。

常之高了。[1] 当然，对更后面的年份进行更为准确的估计，我们是不可能做到的。这些数字将不仅取决于德国经济的复苏情况，而且也取决于国际贸易总体的形势，尤其是黄金的价格水平。[2] 如果我们非要对接下来两或三年的情况进行估计，那么，根据我的判断，60亿—100亿金马克已经封顶了。

价值为60亿金马克的出口品，其中26%大约有15亿金马克之多，其他还有每年20亿的固定支付，总数可达35亿金马克。如果出口增加到100亿金马克，相应的数字就是45亿。那么，在接下来几年之内的支出情况，我们可以在表3中看到，表中所有的数字均是以10亿金马克为单位的。1922年5月1日以后的赔款支付，我根据60亿和100亿两种不同的出口规模分别给出了估计结果。

表3　　　　　　　　　　　　　　　　　　单位：10亿金马克

	1921—1922年度（出口40亿）	1922—1923年度及以后（出口60亿）	1922—1923年度及以后（出口100亿）
5月25日		0.39	0.65
7月15日	1.00	0.50	0.50
8月25日		0.39	0.65
10月15日		0.50	0.50
11月15日	0.26	0.39	0.65

1　1921年5月到10月的这六个月，出口品的价值大约在400亿纸币马克（我想这其中并不包括以实物的方式付给协约国的煤炭和支出），而同期进口品的价值在530亿纸币马克。如果按照每月的平均汇率，将该月出口数字转换为金马克，那么，这六个月的出口额算出来大约是18.65亿金马克，或者换种说法，从一年来看，其出口额远不到40亿金马克。

2　在《〈凡尔赛和约〉的经济后果》中，我明确地给出了我的假设条件，即我的估计值是基于货币价值给出的，这和我写该书时普遍的做法没有什么不同。而自那时之后，价格已然升升跌跌不知凡几。在当前估计值的情形里，有必要给出与此相同的附加条件。如果在较长一段时间里按照货币来确定德国的债务，在支付期间，调整实际债务负担，以与货币价值的波动相一致，加上这样的规定，它原是可以变得更加切合实际的。

(续表)

	1921—1922 年度 (出口 40 亿)	1922—1923 年度及 以后 (出口 60 亿)	1922—1923 年度及 以后 (出口 100 亿)
1月15日	0.50	0.50	0.50
2月15日	0.26	0.39	0.65
4月15日	0.50	0.50	0.50
总　计	2.52	3.56	4.60
以 4 美元兑 1 英镑的汇率计算的用英镑表示的总额	£1 560 000 000	£2 210 000 000	£2 860 000 000

这些数额中不是所有的都需要用现金支付，德国可以用等价值的实物来冲抵。据估计，这一项每年高达 12 亿到 14 亿金马克。其结果将主要取决于：(1) 煤炭供应的数量和价格；以及，(2) 法德之间就为修复被战争损毁的地区而由后者供给的物资进行谈判取得圆满的程度。供应的煤炭价值则由本书第 31 页所讨论的那些因素决定，煤炭的**价格**则主要由德国的国内价格来支配。以每吨 20 金马克的价格，每月供应 200 万吨（在不久的将来这两个数值均不太可能超过，甚或达到），煤炭可以冲抵 4.8 亿金马克。在卢舍尔[1]-拉特瑙[2]协议（*Loucheur-Rathenau Agreement*，即《威斯巴登协议》）[3]里，包括煤炭在内，在接下来五年内以实物形式交付给法国的物资价值，据估计可能可以达到每年 14 亿金马克。如果法国获得 4 亿金马克的煤炭，则其余部分中不低于 35% 的份额将会用来冲抵

1　即路易斯·卢舍尔（Louis Loucheur，1872—1931 年），法兰西第三共和国政治人物，1918 年 11 月开始担任法国工业重建部部长，一直到 1920 年 1 月卸任。在 1919 年巴黎和会上，他是克里蒙梭总统的主要经济顾问。之后在法国各届内阁屡任要职。——译者注

2　即赫尔·拉特瑙（Herr Rathenau，1867—1922 年），德国犹太实业家、作家和政治家，魏玛共和国外长。曾任德国民主党领袖，德国通用电气总公司经理、董事。第一次世界大战时期，任普鲁士政府战时资源局局长。第一次世界大战结束后，成为德国民主党领袖。1921 年任德国魏玛共和国复兴部长。1922 年任德国魏玛共和国外交部部长。1922 年 4 月出席热那亚会议，为打破当时德国在欧洲的孤立局面，同苏俄签订《拉巴洛条约》。同年 6 月回国后于 24 日被右翼民族主义分子暗杀。——译者注

3　参看附记 3。

赔款。这个数字如若果真能够实现,以实物形式移交的总物资可能会接近 10 亿金马克。但是,由于政治和经济各方面的原因,这个数字是不可能达到的,即便从煤炭和重建物资移交中每年能够取得 7.5 亿金马克,也应该被看作是一个相当令人满意的结果了。

目前对赔款支付所做的这番安排,为的是在 1921 年不会出现什么难以克服的困难。分期付款中 1921 年 8 月 31 日这一期(不会超过德国自己在其 1921 年 4 月份的驳议中所提出的直接支付额)完全可以按时交付,这其中一部分由上个 5 月 1 日之前累积的对外余额,一部分通过根据汇率售出纸币马克来完成,一部分由国际银行集团的暂时性借款来完成。1921 年 11 月 15 日的这一期付款可以用 1921 年 5 月 1 日之后移交的煤炭和其他物资来充抵。甚至 1922 年 1 月 15 日和 2 月 15 日的分期付款可能也可以由更多的物资供应、临时借款和德国工业家的海外资产来支付,当然,条件是德国政府能持有这类资源。但是 1922 年 4 月 15 日的支付必然会更加艰难,而之后 5 月 15 日和 8 月 15 日的分期付款也会转眼即至。在 1922 年 2 月到 8 月间的这段时间,恐怕难逃违约的命运。我们得以喘息的空间,至此也就达到了极点。[1]

也就是说,迄今来看,德国对赔款的支付(长远来看也只能这么做)取决于同期的收入。如果资本这种难再得的资源仍有可能得到,那么上述结论自然需要做出相应的修改。德国还有一笔重要的资产,尚且原封未动,这就是现如今控制在美国的敌方财产保管人手中的被没收的

---

[1] 我在 1921 年 8 月首次发表了这个预测结果。本书付梓之际,德国政府通告赔款委员会(1921 年 12 月 15 日),由于在努力争取国外贷款方面未取得成功,所以除以实物形式交付的物资之外,对于 1922 年 1 月和 2 月的分期付款,他们搜罗不到比 1.5 亿或 2 亿金马克更多的资金。1922 年 1 月 13 日,在戛纳会议之后,赔款委员会允许德国延期偿付,这方面的内容我在附录 X 中予以重印。

德国国民的财产,其价值远大于 10 亿金马克。如果这笔资产可以直接或间接地做赔款之用,那么,相应地,违约的日期是可以推迟上一段时间的。[1] 同样,在较大规模上给予德国国外授信,乃至在确保德意志银行黄金储备的安全基础上银行家们授予其三月期信贷,这也可以稍微再把日期推后一点,但是,长远来看,终究无济于事。

我们可以从三种视角出发来切近这个问题,从而得出上述的结论:(1) 德国之外的其他国家有关资金支付的问题,也就是说,出口和贸易平衡问题;(2) 税收收入支付赔款方面的问题,也就是预算问题;(3) 所需的资金数额占德国国民收入的比例。接下来我逐一来阐述之,我仅就可以预期的不久的将来德国的情况言之,并不以多年以后那种假想的德国的情况来做分析的基础。

(1) 为使德国能够取得来自海外的收入,它就不仅要有出口,而且还要有出口的盈余,也即出口要大于进口,这一点是必然的。1920 年,这一年是我们的数据能覆盖一整年的最后一年,而这一年非但没有什么盈余,还存在着逆差,出口大约为 50 亿金马克,而进口则高达 54 亿金马克。截至目前我们所能拿到的 1921 年的数据显示,情况不但没有改善,反而进一步恶化。那种到处流传德国的出口贸易规模巨大而且正在不断扩大的谎言散播得如此之广,在将 1921 年 5 月到 10 月这六个月的数据转换成金马克之后,可以由表 4 有效地加以澄清:

---

[1] 美国有权将在 1920 年 1 月 10 日属于德国国民并位于美国国境、殖民地和占领区之内的一切财产、权利和利益保留并予以清算。清算所得的收益,美国可以"根据其法律和规定"进行处理。也就是说,美国国会可以在宪法允许的范围内,按照以下三种方式之一来处理之:(1) 所涉资产可以归还德国原所有人;(2) 所涉资产用于清偿:美国国民就其在德国境内的财产、权利和利益的求偿要求,或德国国民所欠美国国民的债务,或对德国政府在美国参战之后的行为所造成的各类应予支付的求偿要求,对于德国盟国的类似情况,亦可用其来进行清偿;(3) 可以将所涉财产移交给赔款委员会,作为德国的一项存款处理。

表4

	单位：百万纸币马克		单位：百万金马克[1]		
	进口	出口	进口	出口	入超额
1921年					
5月	5 487	4 512	374.4	307.9	66.5
6月	6 409	5 433	388.8	329.7	59.1
7月	7 580	6 208	413.7	338.7	75.0
8月	9 418	6 684	477.2	334.8	142.4
9月	10 668	7 519	436.6	307.7	128.9
10月[2]	13 900	9 700	352.6	246.0	106.6
6个月的加总额	53 462	40 056	2 443.3	1 864.8	578.5

这六个月，德国必须支付固定的10亿金马克，外加上述出口额中的26%，即4.848亿金马克，总数达14.848亿金马克，约等于其出口的80%；另一方面，除了赔款支付额之外，在对外贸易上，德国还存在着**逆差**，每年新增入超额超过10亿金马克。德国如此大量地进口，不但对于其工业生产，而且对于这个国家的食品供应都是必需的。因此，可以肯定，在出口（比如）达60亿时，德国是不可能为了得到35亿的剩余，而把进口削减到如此之低的地步，35亿是满足其赔款债务所必需的数额。不过，如果德国的出口提高到100亿，其赔款债务将达46亿。因此，要想满足赔款的要求，德国必须把其按黄金计算的出口价值提高到1920年和1921年的两倍以上，**同时还要保证进口不能增加**。

如果时间允许，再加上压倒一切的动机，以及协约国不遗余力帮助德国的出口工业，我不是说这样的结果就不会出现；但是，在如今这现实的环境下真有谁会认为它符合实际或者有其可能吗？而如果德国真能做到这一点，如此庞大的出口增加，与进口之间完全不相平衡，难道我们的工业家不会对德国痛加声讨，认为其罪大恶极吗？哪怕是按照1921年

---

1 纸币马克兑金马克的比率如下：每100金马克可兑换纸币马克数，5月为1 465.5，6月为1 647.9，7月为1 832，8月为1 996.4，9月为2 443.2，10月为3 942.6。

2 暂定值。

伦敦和解方案，事情应该这样办，要知道，1918年大选给出的那些数字，我们已经认为荒唐可笑，愚不可及，如今给出的反而六倍于它，岂不是更加荒唐可笑，愚不可及？

（2）接下来，我们来看预算问题。因为赔款乃是德国政府的职责所在，必须要由其税收完成。在这一点上，有必要就金马克和纸币马克的关系做一个假设。这是因为，德国的债务是按照金马克来确定的，而其收入（或者其中的主要部分）则按照纸币马克来征收。这个关系波动很大，纸币马克的交换价值最好按照美国金元（gold dollars）来衡量。这种波动在短期比长期更形重要。因为在长期，德国的**所有**各项以货币表示的指标，包括税收收入，都会倾向于根据纸币马克在德国以外的升值或贬值进行调节。但这个过程可能会非常缓慢，在以一年为期的预算年度，金马克与纸币马克之间的比例出现出其不意的波动，可能会将德国财政部的财政安排通盘打乱。

当然，在1921年下半年，这种扰动已经在前所未有的规模上出现过。当1英镑价值200纸币马克时，按照纸币马克来计算，税负已然很重，而当1英镑价值1 000纸币马克时，税收相对于预算就大为不足了；但是要想迅速根据情况对税收加以调整，天下无论哪个财政部部长恐怕都束手无策。首先，当马克的外部价值不断地快速下跌时，相应的国内价值的下降总是滞后的。待到国内价值调整完毕，已经过去了相当长一段时间，以黄金来衡量的人们承担税负的能力就大不如从前。即便能以纸币马克征收的税收**收入**的黄金价值最后可以追得上，必然也已经过去了更长的时间。英国内税部（British Inland Revenue Department）的经验很好地说明，直接税的收入基本上一定是取决于前一时期为征税对财产所做的估价的。

由于这些原因，如果马克汇率这种状态得以持续，它的崩溃必然会使1921—1922年度的预算破坏无遗，难以挽回，而且很可能1922—1923年度的上半年也同样如此。不过，我如果打算以1921年年底的数据为依据来得出我的结论,那么对于我的论点,我还应该进一步夸大才对。马克正处在移动的沙丘上,不断下沉,任何一个人要想把他对马克的看法建立在可靠的坚实基础上,都是痴心妄想。

在1921年夏季,大体上1金马克值20纸币马克。为了保障国内劳动阶层的消费水平,纸币马克在国内的购买力仍然接近其国外相应购买力的两倍,如此,我们几乎不能说纸币马克的均衡已经实现。虽然如此,与后来它变化之后的情况相比,局势调节得还算是不错的。到了我写作本书之时(1921年12月),1金马克已经飙升至45到60纸币马克了,而纸币马克在德国国内的购买力为了实现各种总体的目标,已经三倍于其相应在国外的购买力了。

由于我关于政府收支的数字均是以1921年夏季的报告为基础,所以取20纸币马克兑1金币马克这个数字,是我所能做的最好的处理方式了。这就会使我的论点对形势有所低估,而不是相反。读者诸君一定还记得,设若马克在其现行的汇率上维持足够长的时间,从而使国内价值自己与这个汇率相调节,则下面的叙述当中的那些收入、支出和亏空,一并都要扩大三倍。

在我给出的这个比率上(即20纸币马克 = 1金马克),35亿金马克的赔款额度(假设出口的规模为60亿)等于700亿纸币马克,45亿金马克的赔款额度(假设出口为100亿)就等于900亿纸币马克。从1921年4月1日到1922年3月31日这个财政年度,德国的预算给出的支出额为935亿,不包括赔款支出,而收入只有590亿。[1]因此,单只是当前的赔

---

[1] 经常性收入和支出估计可以在484.8亿纸币马克上达到平衡。非经常性支出估计可达596.8亿,因此总支出为1 081.6亿。不过,这其中还包含146亿的各类赔款项目。这些都是关于1921年5月1日之前的各类项目,没有考虑伦敦和解方案规定的支出;不过为避免混淆,我从上述的支出估计值中把这些做了扣除。非经常性收入估计为105亿,总收入为589.8亿。

款需求就足以吸干全部的现有收入。砍掉必要的支出，收入稍有增加。但即便是这样，这一预算也无法达到哪怕是最低的赔款要求，除非支出完全停掉，收入还要翻倍。[1]

如果德国 1922—1923 年度的预算在**除去**为赔款所做的准备之外，仍试图实现平衡，那么，这意味着德国政府要付出巨大的努力，从而取得一项相当了不起的成就。然而，撇开技术上的财政困难，这个问题还具有政治性和社会性的一面，而这一面向在此也值得我们予以关注。协约国与现在的德国政府打交道，与他们讨价还价，寄希望他们能够执行有关的协议。协约国并不能直接从德国国民手中攫取收入；它们给那个短命的、抽象的所谓政府施压，让它按照商定的协议来确定哪些德国国民要拿出自己的所得以及拿出多少，并且要完成这样的攫取。可由于目前德国远不能做到预算平衡，所以即便压根儿就没有赔款，平心而论，此时提出开始去解决如何将负担在不同阶层和不同利益群体之间进行分配的问题，亦非其时。

然而，这确实是一个根本问题。如果这类支付不是以 10 亿为单位，并作为一种暂时的抽象来表达，而是转换成落在每个具体的个人头上的

---

[1] 到目前为止我没有对占领军的军费加以考虑，根据条约字面上的规定，德国有义务承担这一军费，而且该项不包括在赔款费用之内。由于军费开支优先于赔款支付，也由于伦敦协议并未对之进行处理，所以我想德国会被要求负担军费开支，这是一笔在伦敦和解方案规定的年金之外还需承担的资金。不过，我怀疑协约国在事实上是否打算这么做。截止到目前，军队开支已经大得惊人，单是这一项就足以吞噬掉全部的收入（参看后文附录 V），到 1921 年年中，这项开支即已高达约 2 亿英镑。不管怎样，1919 年由克里蒙梭、劳合·乔治和威尔逊于巴黎签署的这份协议，现在都到了该实施的阶段了。该协议大意是说，一旦协约国"得到确信，德国令人满意地达到了裁军的要求"，则德国每年需支付的占领军军费，在金额上应限制在 2.4 亿金马克。如果我们假设要实施的是这项经过缩减后的数字，那么，德国的赔款和军费总负担理所当然将只有 38 亿金马克，也即 760 亿纸币马克，而且这也是在假设出口数字较低情况下而做出的估计。

确切的数额,那它就会呈现出不同的局面。这一阶段仍未达到,而且在它到来之前,我们是感受不到其全部的内在困难的。这是因为,在这个阶段,斗争不再主要限于协约国和德国政府之间,而且还变成了不同部门和阶层的德国国民之间的斗争。自利和自我保护的动机及其最强大的影响,都将发挥起作用来。有关社会的目的与性质的各种彼此冲突的观念,相互碰撞。一个政府,如果打算认真履行其债务,势必会失去权力,最终倒台。

(3) 赔款要求与第三项能力测试(即德国人民当前的收入)又有什么联系呢? 由于德国的人口目前大约为 6 000 万,所以,700 亿纸币马克的重担(如果我们暂且接受这个数字作为计算的基础的话)分摊到每个人——不论是男人、女人还是小孩——的人头上高达 1 170 马克。

不管在哪个国家,币值的巨大变动都使在新的条件下按照货币估计其国民收入变得极为困难。1920 年的布鲁塞尔会议,以 1919 年和 1920 年初所做的调查研究为基础,估计德国人均收入为 3 900 纸币马克。在当时,这个数字可能有些过低了,而由于马克的进一步贬值,现在肯定更低了。有人对法定工资扣减和征收收入税之后的统计数字进行加工,在《德意志广讯报》(*Deutsche Allgemeine Zeitung*)[1] (1921 年 2 月 14 日)给出的数字为人均 2 333 马克。这个数字可能也过低,这一部分是因为他所利用的统计数字必然是之前的数字,而当时马克贬值尚不如他引用这些数字时那么剧烈,一部分是因为所有这类统计数字必然都面临偷漏税之虞。另外一个极端上,阿尔伯特·兰兹伯格博士(Albert Lansburgh)表示 [《银行界》(*Die Bank*),1921 年 3 月],他估计出来的人均收入高

---

1 这是一份 1861—1945 年间发行的德国报纸,当时在德国的地位相当于英国的《泰晤士报》。——译者注

达 6 570 马克。[1] 近来另外一个估计是阿瑟·海琴博士（Arthur Heichen）在《帕斯特·劳埃德报》（*Pester Lloyd*[2]，1921 年 6 月 5 日）上撰文称，他估计的数字是 4 450 马克。1921 年 8 月，在一份多地发行的报纸上，我不揣冒昧，撰文接受 5 000 马克这个数字，认为这是我所能做出的最为接近实际值的估计。在确定这个数值上，我不但受到了上述这些估计数字的影响，还受到了有关总体薪资水平的统计数据的影响。从那之后，我在不断地就此深入言及这一数字时，仍然认为对于当时来说这个数字是足够高了的。

我曾写信给法兰克福的莫里茨·艾尔莎博士（Moritz Elsas），他所做的权威研究的结果，进一步巩固了我的这个结论，下面的数字我均是从他所做的权威研究中得来。有关德国战前收入，最为著名的估计是海尔弗里奇[3]在其《德国的财富：1888—1913》中给出的。在这部书中，他提出，1913 年的国民收入为 400 亿—410 亿金马克，此外再加上国有部门（铁路、邮政等）25 亿金马克的净收入，也就是说，国民总收入为 430 亿金马克，或人均 642 金马克。我们且从 410 亿金马克开始（因为国有部门已经不再能够提供利润），因国土丧失再扣除掉 15%，只剩下 348.5 亿金马克。为求按照纸币马克得出当前的收入数字，我们应该乘以多少呢？1920 年，从事商业活动的一个雇员，获得的马克收入平均而言

1　"这个估计值是根据男性员工每月约 800 纸币马克、女性员工每月约 400 纸币马克的平均工资为基础给出的。"按照 12 纸币马克等于 1 金马克的兑换比率，他得到的国民总收入在 300 亿到 340 亿金马克之间。即使我们认定这些工资的估计值全部正确无误，也不大容易看出它们怎么能得出这么高的总数的。

2　这是一份于 1854—1945 年间在匈牙利出版的主要的德语报纸，主要关注匈牙利和东欧地区的经济与政治。——译者注

3　即卡尔·海尔弗里奇（Karl Helfferich，1872—1924 年），德国莱茵兰-普法尔茨州诺伊施塔特人氏，政治家、经济学家与财政专家，曾担任过德意志帝国的财政部部长。——译者注

4.5 倍于战前，而当时工人们的名义工资比这还要再增加 50%，也就是说，他们的工资 6 到 8 倍于战前。按照德国的统计数据［《经济与统计》(*Wirtschaft und Statistik*)，卷 1 第 4 册］，从事商业活动的雇员在 1921 年初，男性员工的收入 $6\frac{2}{3}$ 倍于 1913 年，女性员工的收入 10 倍于 1913 年。[1] 1920 年我们根据同样的比例进行计算，可以知道工人们的名义工资增加了 10 倍。《法兰克福日报》(*Frankfurter Zeitung*) 1920 年 8 月给出的工资指数估计，小时工资当 11 倍于战前水平，但由于工作时间数从 10 小时降到了 8 小时，所以这些数字得出的结果是，工资确有 8.8 倍的提高。由于从事商业活动的男性雇员工资上涨没有 8.8 倍这么高，而根据纸币马克计算的企业利润只是在少数情况下才达到了这么高的数字，还由于食利者、地主以及知识阶层收入增加的比例要更低一些，所以，1921 年 8 月这个国家的名义收入总体上增长 8 倍这种说法，可能估计过高，而非过低。按照海尔弗里奇给出的战前数字，由此在 1921 年 8 月可以得到的国民总收入为 2 788 亿纸币马克，人均收入 4 647 马克。

这里并没有考虑战争对那些年富力强之人造成的损失，没有考虑先前可以从对外投资和商业船只中取得的国外收入如今尽皆丧失，也没有考虑这个国家的行政官员的增加。不过，除了这些，还可能存在军队的缩编，受雇佣女性的人数上升这一类因素，或可抵消上述的这些疏漏。

经济状况的极端不稳，使得在目前就此一问题几乎不可能进行直接的统计探究。在这样的情况下，艾尔莎博士使用的那种一般性方法，对我似乎是最可取的。他给出的结果显示，上述数字大体正确，不大可能

---

[1] 从事商业活动的男性雇员人数是女性雇员的两倍。（原文这个脚注没有给出具体的位置，此处我根据意思，选择放在这里。——译者注）

出现较大的误差。它还可以就这些数字的可能性给出一个合理的上限。我想，不会有人还会认为，1921年8月德国的名义收入平均来说10倍于战前的水平；海尔弗里奇战前估计值的10倍，就是6 420马克。有关国民收入，**没有什么**统计数字是非常精确的，但是，认为1921年年中德国每年人均收入在4 500马克到6 500马克之间，而且认为这个数字更接近较低的那一端，比如说5 000马克，大概相对更接近事实。

鉴于马克并不稳定，这类估计值当然不会对于任何时间段都非常符合实际情况，因此需要不断地进行修正。虽然如此，这个事实并不会推翻下述为我们认定的计算结果，因为在账户两边这个结果一定程度上表现还不错。如果马克进一步贬值，以纸币马克表示的平均人均收入将趋于上升；在这种情况下，由于赔款要求以金马克结算，因此，以纸币马克计算的赔款债务也会上升。只有在**黄金价值下跌**（即世界价格上升）时，才会导致赔款债务的真正减少。

由于支付赔款而增加税负，必然会增加德国的政府负担，不管中央政府还是地方政府，这一点都是一样的。哪怕我们再做一个极端的缩减，对所有战争贷款都不归还，也不支付任何战争抚恤金，即便是这样，这一负担也不可能低于人均1 000纸币马克（20纸币马克＝1金马克），总负担则为600亿，这个数字大大低于当前的支出。因此，归根结底5 000马克的平均收入中要拿出2 170马克，也即其中的43%，用来缴税。如果出口提高到100亿（金马克），平均收入达6 000纸币马克，那么相应的数字就是2 500马克和42%。

受自利动机的强力驱使，一个富庶的国家，是有可能承受得起这样的负担的。但是人均年收入5 000纸币马克，在20纸币马克兑换1金马克的比率下，其交换价值仅为12.5金镑，扣掉税收之后，大约还剩7金镑，也就是说每天不足6便士，在1921年8月，这在德国的购买力相当于英国的9便士到1先令之间。[1]如果给予德国休养生息的机会，则德国的收入以及产生收入的能力都可以得到提高；不过在目前的沉重负担下，储蓄是不可能做到了，生活水准也很可能降格。在历史记载当中，有哪一个政府，处在如此情势之下，会高举皮鞭，心如蛇蝎，凶狠到要把它治下的人民接近半数的收入尽皆掳掠而去呢？

由于上述的这些原因，我得出结论认为，虽然伦敦和解方案稍微缓和了局势，在1921年之前给了我们一定的喘息之机，但是，与之前的这类方案一样，它也不是长久之计。

附记3
《威斯巴登协议》

1921年夏，关于德法两国各自的重建部部长拉特瑙先生与卢舍尔先生秘密会面的报道连篇累牍，激起了人们强烈的兴趣。1921年8月，双方达成了一项临时协议，并最终于1921年10月6日在威斯巴登签署；[2] 但是，除非得到赔款委员会的批准，否则它是不会被付诸实施的。该委员会在审核这一协议体现的一般性原则的同时，也将它提交给了各主要协约国的政府，原因是该协议背离了《凡尔赛和约》，不在赔款委员会的授权范围之内。委员会中，英国的代表约翰·布拉德伯里爵士（Sir John Bradbury）向英国政府建议，在经过他提出的某些修改之后，应该接受该协议；他的这份报告亦已公布。[3]

《威斯巴登协议》是一份复杂的文件。不过它的要旨倒不难解释。

---

1 要想了解在德国国内纸币马克的购买力情况，请参看艾尔莎先生在1921年9月号的《经济学刊》上撰写的文章。

2 附录VIII给出了对这一协议以及其他相关文件的概要。

3 参看附录VIII。

它可以分为两个不同的部分。第一，它创立了一套程序，按照这个程序，法国的私人企业可以从德国的私人企业那里获取法国重建所需的物资，而法国不必以现金进行支付。第二，它规定，德国不能马上收到这些物资的货款，只有到期应付货款中的一定比例可以立即记在赔款委员会的账簿上，余额由德国暂时预付给法国，在稍晚的时期只能存入赔款委员会的账户里。

这些条款中属于第一部分的内容，每个人都会同意。这样一种安排，也许可以促进以实际物资的形式对被战争破坏地区的重建进行赔款支付，不但方便、经济，而且还以一种特别直接的方式符合公众的心理情感。但是，这类供给，条约已经做出过安排，这一新程序规则的主要价值，在于它以法、德两国政府直接协商的形式取得了赔款委员会这个机构的功能。[1]

不过，这些条款中属于第二部分的内容，从性质上则大为不同，因为它干涉了协约国之间达成的现行协议，这些协议关乎各协约国所能从德国分得赔款收入的顺序和份额。法国与德国之间达成的这项协议，意在保障自己能够更早地取得一份比它原来应得的比例还要大的份额。当然，我个人认为，法国享有优先权的要求并不过分；但这种优先权应该与就赔款所要重新达成的总体解决方案相一致，在这样的方案里，英国应当完全放弃其赔款诉求。进一步来说，《威斯巴登协议》也让人对德国的诚意产生了怀疑。德国曾强烈抗议（我相信这也是完全真实的），认为

---

[1] 顺带提及一下，威斯巴登协议所确立的确定实物供给价格的办法，比条约考虑得更加公平。按照条约的规定，这些价格唯有赔款委员会有自由裁定权。在威斯巴登协议当中，这些职责被赋予了一个由德国代表、法国代表和一个公正的第三方代表共同组成的仲裁委员会，由这个委员会来确定价格。一般来说，该委员会是根据每个季度法国的现行价格来确定价格的，这个价格不得低于德国价格 5%。

伦敦和解方案索取的钱财超出了德国所能承受的范围。而在这样的情况下，对德国来说，与他国签订自愿协议，总有些不妥，如果这一协议一旦实施，势必会进一步带来债务负担的增加，甚至会超出德国原来抗议认为不可能实现的额度。赫尔·拉特瑙或许会这样为他的这一行为辩护，认为这是以更为明智的安排取代伦敦决议的第一步，而且如果他能抚慰像法国这样最为迫切的最大债主，那么对其他那些国家就没什么可怕的了。另一方面，卢舍尔先生可能也像我一样知晓伦敦决议是不可能得到执行的，虽然他嘴上不说，心里一定是这么想的。而且，如今推行更为现实的政策正当其时；他甚至可能会认为，他与赫尔·拉特瑙的会面，拉开了莱茵河两岸企业界之间建立更加亲密联系的帷幕。而如果我们继续就这些思考追问下去，会发现这样的追问会把我们带入到观点的另外一面。

约翰·布拉德伯里爵士在他提交给英国政府关于这份协议的报告[1]中，提议做出某些修改，这些修改将会起到保留第一部分条款的好处这样的作用，而且一旦该协议进入到执行阶段，也可以弥补对法国的盟国所造成的伤害。

不过，我倒认为对这个问题有些小题大做了，因为按照威斯巴登或类似协议而实际提供的物品，其价值不可能有所谈到的那么大数额。条约第 III 部分诸附件中所处理的对煤炭、染料和船只的供应，特意被排除在威斯巴登协议的操作范围之外。该协议明确其范围限于工厂和物资的交付上，法国保证，这些工厂和物资**只能**用于对遭到战争破坏地区的重建上，不得挪作他用。法国企业和个人将在完全是市场价格的水平上从德国订购由其所供应的商品，用于这一目的的数量（由于要从当地雇佣

---

[1] 见附录 VIII。

劳动力，而不是因为可以从德国进口物资，其中一部分成本必然非常之高）在未来五年之内，不可能高到让其他协约国对法国享受了这一优先权而心怀怨恨的地步。

对于那种认为威斯巴登协议与先前德国和其他协约国签订的类似协议一样，具有重要意义的看法，我也同样保留意见，而且我还要提出这样一个一般性的议题，即这些协议在确保德国以实物而非现金支付，并专用于被战争破坏地区的建设方面，是否真的具有功效。

大家一般认为，如果德国可以满足我们的要求，付给我们的不是现金，而是我们选定的那些特定商品，那么，我们就可以避免在世界市场上让自己的产品与德国的产品进行竞争，而如果我们迫使德国不得不通过向海外销售商品来获得外汇，其就只能削减价格，以与我们竞争，这样的话，我们的商品势必要和德国的商品在世界市场上兵戎相见。[1]

许多支持以实物支付赔款的建议，都过于模糊，不值一驳。而且它们通常认为，以实物支付赔款甚至在那些不管怎么样德国都可能在有出口竞争力的商品项目上也具有某种优势，正是这种看法所带来的混乱，让这些建议饱受非议。例如，条约处理实物交付的附件，所涉主要是煤炭、染料和船只。这些肯定不满足不会与我们自己的产品竞争的要求。协约国直接取得这些物资，而不是由德国以最高的市价售出之后，将收入支付给我们，我一点也没看出这中间有什么好处，而且从另一方面看，还会有所损失，给我们带来不便。尤其是煤炭，如果德国将他们的煤炭卖了个好价钱，不管是卖给了法国还是比利时，抑或是与德国比邻的那些中立国，然后，再把现钱付给法国和比利时，这总要比把煤炭直接交付给各协约国，其中有些国家拿到这些煤炭，暂时可能也没啥用处

---

[1] 在第六章，我还要回过头来就这个问题的理论层面进行探讨。

的好，而且运输路线也可能很不经济。此时，中立国需要的才是煤炭，而协约国真正需求的是等价的现钱。有时候，协约国不得不把德国交付给它们的煤炭重新销售出去——如此画蛇添足，对于运费要占其总价值相当大部分的商品来说，这种浪费真是让人哭笑不得。

如果我们试图规定德国应该支付给我们具体哪些商品，那我们将无法确保德国能够献上如此之大的一笔贡奉，就好像我们在德国的支付能力之内定出一个合理的金额，然后让它尽其所能去寻找钱财一样不靠谱。此外，如果确定下来的金额合理，占国际贸易总额一定比例的每年支付额就不会太大，不至于让我们总是神经紧绷，生怕这一赔款支付额在某种更大的程度上打破我们经济生活的正常均衡。同时，我们也希望能为像战前德国那样强大的贸易对手逐渐恢复经济留出所必需的缓冲空间。

我是本着科学上的精确来做出这些评论的，我也认同这样的看法：坚持以实物进行支付，可能是一个非常有用的政治手段，可以让我们摆脱目前的僵局。事实上，这些物资供应的价值将大大低于我们现在所要求其支付的现金数量；但是用物资供应取代现金，可能总比花费口舌压低后者更加容易，而用物资供应取代现金实际上是会大大削减我们的赔款要求的。另外，许多人之所以抗议，反对德国自由地就其可以采取的方式和地点以现金对我们进行赔款支付，是背后隐藏着的贸易保护主义情绪在作祟。如果德国打算积极努力归还我们的赔款，只能去利用对它来说唯一的手段，那就是在全世界以低廉的价格尽可能地倾销其产品，而很快，就会有很多人认为，德国的这番积极努力，乃是一场意欲摧毁我们经济的阴谋；如果我们把赔款要求的减少描述一番，那么，持有这样思维的人很容易就会被争取过来，要求出台禁令，不允许德国发展用意险恶的竞争性贸易。这样一种希望政策发生改变的表达方式，以事实为基础，再结合完全错误的理论，甚至让《泰晤士报》这样的报纸，也在头条文章中对它进行推荐，丝毫意识不到这在思想上存在的矛盾之处；它为如此之多正在为自己的行为寻找合理借口的人找到了这样的借口，而无需承受言行不一所带来的麻烦和不光彩。但愿我没有让他们感到沮丧！只是，要想找到一个良好的理由，多方援引，充分杂糅，以求论证万无一失，怕也是很难如愿。

附记 4
马克的汇率

一国不可兑换的纸币之黄金价值，可能因两种原因而下跌：一是政府挥霍无度，超出了它通过借贷以及征税所能取得的收入，不得不通过发行纸币来平衡预算；二是这个国家为了购买投资品或偿还债款，要支付给外国人一笔金额不菲的资金。在短期它可能会受到投机的影响，也就是说它会受**预期**（anticipation）的影响。这种预期或许有凭有据，或许仅是空穴来风，正是它，使得前面所讲的两个原因中的某一个很快就起了作用；但是投机的影响一般来说都是被夸大了的，因为它可能会在短期突然起到了较大的作用，容易被大家看到。这两种影响只能通过在所关注国与世界其他国家之间平衡那些到期立即支付的债务而得到发挥：需要支付给外国人的债务，直接对此产生作用；而通货膨胀则是间接对此发挥作用，要么是因为，在现有价值水平上提高了本地的购买力，从而使新增的纸币刺激了进口，阻碍了出口，要么是因为，让人们产生了它将会如此表现的期待，产生了预期性的投机行为。除非货币扩张对进出口做出了反应，或者鼓励了投机行为，否则，它是无论如何都影响不了汇率的；而投机行为迟早总会相互抵消，所以，货币扩张对汇率的影响只能靠对进出口所起的作用来维持。

把这一原理应用在1920年以来马克的汇率上，可以说不费吹灰之力。一开始，各种影响并不是都在一个方向上发挥作用。通货膨胀要使马克贬值，德国的对外投资也是如此（"抛售马克"）；但是，外国人对德国债券和德国通货的投资（要想在这种投资和短期的投机行为之间画一条清晰的界线是很困难的）所发挥的作用显然在另一个方向上。在马克跌到1英镑可以兑换超过100马克这样的水平之后，全世界很多人都认为，总有一天马克会恢复到战前的价值上来，因此购买马克或马克债券将会是一项好投资。这一投资的规模非常之大，它使德国掌握的外汇疯涨，其总值据估计可达2亿英镑到2.5亿英镑。德国手中的这些资源至少部分地使其重新补足食物的供应，给其工业生产再次备满原材料，进口超过出口所要求支付的金额，原本都是没有办法满足的，现在也都能满足了。此外，它甚至还让德国的公民能够把他在德国的部分财富移到他国以做投资之用。

与此同时，通货膨胀也在潜滋暗长。在1920年这一年里，德意志银行发行的货币流通量几乎翻倍，但总的说来，马克的汇率相比于该年年初，只是略有恶化而已。

此外，直到1920年底，甚至包括1921年的第一季度，德国还从未以现金来对赔款做出支付，倒是（按照《斯帕协议》）其在提供煤炭时相当一部分**还收到了**现金。

不过，1921年年中以后，各种影响到了这个时候在一定程度上已经彼此达到平衡，开始朝着一个方向起效，也就是说，都开始朝向不利于马克价值的方向发挥作用。通货膨胀持续加剧，截至1921年底，德意志银行发行的纸币流通量进一步增加，接近两年前的三倍。进口总值稳稳地超过了出口总值。有些投资于马克的外国投资者开始感到担忧，非但不再增持马克，还在试图减少对马克的持有量。现如今，德国政府最终也被要求就现金账户进行大额现金支付了。德国马克的市场上，非但已经无法吸引外国投资者购买马克，同样是这些投资者，开始竞相地抛售马克。马克的崩溃是自然而然的事情。马克的价值不得不下跌到一定的水平，在这个水平上，新的买主会主动接手，或者原来的卖家不愿意继续将马克出手。[1]

这里并没有什么神秘可言，很容易进行解释。一般大众对德国蓄意使马克贬值的"阴谋"故事深信不疑，进一步说明，对于影响汇率的各种因素，人们完全处于无知的状态。这类无知已经不是第一次得到展示了，先前的时候，它还曾给德国带来过巨大的金钱利益，全世界都在疯狂地买入马克。

后来，马克的崩溃主要是由于要向外国支付战争赔款，还要用马克来偿还外国投资者的投资，结果造成了马克国外价值下跌，跌幅之大，已经不能仅靠当下这种程度的通货膨胀来解释了。如果德国的国内价格打算在 1 英镑兑换超过 1 000 马克的汇率上根据黄金价格进行调整，那么德国需要发行的纸币量，就要大大超过当前的发行量。[2] 因此，如果其他影响都被剔除在外，也就是说，如果赔款要求能够得到修正，外国投资者也能重新振作起信心来，突然复苏也是有其可能的。另一方面，德国打算认真履行赔款要求，这种尝试也将使其政府支出超过收入很多，以至于通货膨胀和国内价格水平很快就会赶上马克在国外的贬值速度。

---

1 如果有人完全被下面这个命题那不容置疑的真实性所说服，即他认为外汇市场上每一天卖出的数量总是等于买入的数量，那么，他在理解外汇交易的秘密方面就会感到更加困惑，需要绕上一大圈才能真正理解。

2 由于公众和各商业银行持有着大量可即时支付的国库券，德意志银行并不在其列，其数量与德意志银行发行的纸币相仿，所以，即使把政府为满足其支大于收而不得不发行的新增货币撇开不计，只要国内价格水平需要更多法定通货来支撑它，货币扩张也就很容易可以得到实现。

无论是哪一种情况，德国的前景都令人担忧。如果当前的汇率贬值不断持续，国内价格水平对之进行调整，最终带来的在社会各个不同阶层之间重新分配财富的结果，将会是一场社会灾难。另一方面，如果汇率有了起色，现在这种人为的对工业和证券交易所做的刺激，使之维持着繁荣的局面，其基础就是建立在不断贬值的马克上的，一旦中止，可能会带来一场金融灾难。[1]摆在那些肩负德国金融政策之重任的人们面前的，是一个无比困难的问题。只要赔款一天不能得到合理解决，对于一个根本不可能得到解决的问题，是不会有人愿意浪费时间去思考它的。当追求稳定是一项可取的政策时，最明智的行动方向可能还是在一个不管是怎么样的价格水平上稳定下来，然后贸易似乎也就会最可能根据那个时候的情况来进行调节。

1　进一步讲，马克价值的任何改善，都会增加德国的负担，使它欠下国外的马克持有者更多，同时也会加重财政部公共债务的实际负担。汇率超过 1 000 马克兑换 1 英镑，至少有这么一个好处，那就是它可以把这两种负担降低到非常适当的程度。

第四章　赔款清单

《凡尔赛和约》就德国需要赔付的损害范围进行了分类。它并没有对这种损失的大小做出评估。这项任务指派给了赔款委员会完成,要求该委员会在1921年5月1日之前将其评估结果通告给德国政府。

在巴黎和会期间,确曾有过给出各方同意的一个数字,然后放到条约中去的尝试。但是,这样的协议最终还是没有达成。严格满足英法两国人民期望的数字,并不可行。[1]美国人认可的最高赔款额是1400亿金马克,下文我们将会看到,这一数字高出赔款委员会的最终评估数并不是很多;而英法两国所能接受的最低额为1800亿金马克,事实上这个数字是大大高出了即便是在它们所提的要求下自己能够得到的那份额度的。[2]

在条约缔结和赔款委员会公告其决断之间的这段日子,有关这一数额到底应该是多少,各方争论不休。我建议我们先对这个问题的某些细

---

[1]　有关巴黎和会上对这个问题的争论,从以下这些吉光片羽中,可以拼接出一个相当完整的叙述:巴拉奇(Baruch),《凡尔赛和约中赔款与经济条款的达成》(*The Making of the Reparation and Economic Sections of the Treaty*),第45—55页;以及拉蒙特(Lamont),《巴黎和会上到底发生了些什么》(*What Really Happened at Paris*),第262—265页;塔尔迪厄,《关于条约的真相》(*The Truth about the Treaty*),第294—309页。

[2]　这些数字可以参看前注中塔尔迪厄的著作,第305页。

节做一番回顾,之所以如此,乃是因为如果国际事务中的真实性总是会以某种方式使人们有所触动,则就这种真实性达成一种公平的舆论氛围,对于赔款问题可以说仍旧十分重要。

《〈凡尔赛和约〉的经济后果》一书的主要论点如下:(1)协约国所盘算的对德赔款要求,德国根本不可能支付得起;(2)欧洲在经济上的一体化程度如此之高,以至于真要要求德国满足这些赔款要求,将会把所有国家推入深渊;(3)敌方在法国和比利时所造成的损害,其货币成本被夸大了;(4)在我们赔款要求中包含抚恤金和津贴,是对信任的一种背弃;(5)我们合法的对德赔款要求是在德国的支付能力之内的。

在第三章和第六章,我就(1)和(2)两点做了一些补充。这里我来处理(3),待到第五章,再来处理(4)。将来这些都是很重要的。这是因为,在处理(1)和(2)的问题上,几乎没有谁现在对这些问题还有什么争论的,由于各类事件所带来的压力,对于我们向德国索赔的合法要求额,也不是那么地关切了。然而,如果我有关于此的论点得到证实,那么,我们将会发现,要想找到一个切合实际的解决方案,并没有那么困难。关于这一点,一般认为,合乎公平的赔款要求,总是与可行的赔款要求相背离,因此,即便事态的压力让我们不得不承认后者才会是现实的结果,对于前者,我们仍然是意难平。另一方面,如果对这一问题的考虑,我们只是局限在法国和比利时的被战争破坏地区,那我们可以证明,做出充分赔款,完全在德国的能力之内,这样一来,情绪的抚慰和现实的可行就可以合而为一,并行不悖。

心中有了这个目的,根据目前可以取得的更为完整的信息,我可以重申在《〈凡尔赛和约〉的经济后果》中表达的观点,大意是:"被侵略地区的物质损害总额总是会被过分地加以夸大,这也是很自然的。"[*JMK*,第二卷,第75页]这些观点让我备受指责,即便像克里蒙梭先生[1]和普恩加莱先生这样显赫的法国人也在其列，他们认为，我不是基于事实，而是出于怀有成见的敌意，才对克劳茨先生、卢舍尔先生和其他一些法国人士的判断有如此的议论。但我仍然要力劝他们，法国给出的依据也许应该更准确一些，避免高估。如果其所要求的数额在可行的范围内，那么，所蒙受的那些损失反而更可能得到良好的补偿；而且，索赔要求越是适当，法国就越可能赢得世界其他国家的同情和支持，这可以确保让法国优先受偿。尤其是布伦尼尔先生（M.Brenier），他还曾发起过一场广泛的政治宣传运动，目的就是制造一种反对我给出的统计数字的偏见立场。然而，往估计出来的数字后面加上再多的零，也不表明这个人的品质就有多高贵。肆意地使用这样的数字，不但会给他们的名声带来耻辱，而且也会让人怀疑他们的动机是否真纯，长远来看，这些人也不可能是法国所提依据的好的支持者。除非我们不但使专家，而且还要使公众，能够冷静地去考虑法国蒙受的实际损失以及德国控制的可以用于赔款的实际资源，否则，我们将永远无法开始对欧洲的重建工作。布伦尼尔先生在《泰晤士报》所写的社论还有其他文章里（1920年12月4日），以一种高贵的姿态不无鄙夷地写道："凯恩斯先生把他们所遭受的损失，当成不过是一堆统计数字。"而只要我们还是坚持把统计数字看成一种情绪的晴雨表，当成情感的方便交通工具，那么，混乱和贫穷的状态就会一直持续下去。下文我们对数字所做的检视，会让我们同意这样的结论：我们是在用这些数字来衡量事实的情况，而不

1　克里蒙梭先生在他给塔尔迪厄先生的书所写的序言中，曾有一些段落言及于此，他这样写道："凯恩斯对这个主题是有自己鲜明主张的人，他（在和会上持有这样观点的人不止凯恩斯一个）具有战斗的精神，毫不妥协，他指责协约国（意指法国）是在滥用战胜国之权力，对战败国过于苛刻。他谴责和约过于残暴，我对他没有做任何回应。对于公众来说，这种观点司空见惯，本书又做了介绍，或许会冒令读者生厌的危险。（原文为法语。）"

是把它们当作爱恨情仇的文学表达。

我们暂时把抚恤金和津贴以及给比利时的贷款放在一边，先来看看与法国北部实际损失相关的日期。法国政府给出的赔款要求，从 1919 年春天到 1921 年春天差别不是很大，前者正是巴黎和会期间，而后者则是赔款委员会给出其评估的时候，虽然法郎的价值在这一时期有所波动，也确实带来了一些扰乱，但基本上相差不是非常悬殊。早在 1919 年，杜布伊斯先生（M.Dubois）在代表议会的预算委员会发言时，仍将 650 亿法郎定为"最低额"。产业重建部部长卢舍尔先生在 1919 年 2 月 27 日于法国参议院声称，对遭受战争破坏地区进行重建，按照当时的价格将会耗费 750 亿法郎。1919 年 9 月 5 日，克劳茨先生作为法国财政部部长在议会演说，法国对财产损害的赔偿要求（可能包括了海上等项的损失）总计高达 1 340 亿法郎。1920 年 7 月，杜布伊斯先生时任赔款委员会主席，他在一份提交给布鲁塞尔和斯帕会议的报告中称，按照战前价格计算，赔款数额当为 620 亿法郎。[1] 1921 年 1 月，多摩尔先生（M.Doumer）作为法国财政部部长发言称赔款数额为 1 100 亿法郎。法国政府在 1921 年 4 月提交给赔款委员会的实际要求额是按当时价格计算得到的 1 270 亿法郎。[2] 而此时法郎的价值已经贬值不少，其购买力大不如前，考虑到这一点，上述估计值之间的差别并不像乍看起来的那样大。

有必要把赔款委员会的评估值从纸币法郎转换成金马克。为此，接

---

[1] 大约同时，德国赔偿委员会（Reichsentschädigungskommission）估计出来的费用为 72.28 亿金马克，这也是按照战前价格计算的；也就是说，德国给出的估计值约为杜布伊斯先生估计值的七分之一。

[2] 有关这一赔款要求额的细节，就其出版的那部分，可以参看附录 III。上面给出的数字包含了以下各项：工业损失，对房屋、家具和家用器具的损害，未建土地，国家财产，公共设施等。

受什么样的兑换率，引起了各方激烈争论。按照1921年4月的实际汇率进行兑换，1金马克约值3.25纸币法郎。法国代表声称，这一贬值是暂时的，一个长久的解决方案不应该以此为基础。因此，他们要求大体上以1.50法郎或1.75法郎兑换1金马克。[1]这个问题最后提交给了博伊登先生（Boyden）来仲裁，此公乃是赔款委员会中的美方代表，和绝大多数仲裁者一样，他也是做了一番折中，判定2.20纸币马克应当被视为价值1金马克。[2]对此，他可能也知道，要找出一个合理的依据很难。关于牵涉到抚恤金的那部分赔偿要求，对法郎黄金价值的预报，无论多么不切实际，总是非常必要的。但是有关那些涉及物质损失的赔偿要求，做出这样的调整并没有什么必要了。[3]这是因为，法国的赔款要求是根据重建所需要花费的当前费用而提出来的，由于迟早法郎价格下跌会使汇率改善从而达到平衡，所以可以预期，其等价的黄金价值不会随着法郎的黄金价值提高而上升。评估时法郎的国内购买力对其国外等价黄金汇价存在溢价，对此有所考虑，恐怕也是正确的做法。而且，1921年4月，法郎离它真正的"购买力平价水平"相去不远，我以此为基础给出的计算结果基本上接近1金马克等于3纸币法郎。因此，2.20纸币法郎兑换1金马克的比率，严重夸大了法国向德国的索赔请求。

在这个兑换率上，1 270亿纸币法郎对物质损失的索赔要求，价值577亿金马克，法国政府索赔的主要项目如下（表1）：

---

1 参看卢舍尔先生1921年5月20日在法国议会的讲演。
2 一旦认定这个兑换率合理，则在纽约，法郎的汇价必然会上扬11美分。
3 卢舍尔先生对法国议会所做的陈述表明，这一转换率不仅适用于物质损失，也同样适用于抚恤金，我在下文也是这样假设的；但是更加准确的官方数据尚且付之阙如。

表 1　　　　　　　　　　　　　　　　　　　　　单位：百万

	法郎（纸币）	马克（金）
工业损失	38 882	17 673
房屋损失	36 892	16 768
家具和器具	25 119	11 417
未建土地	21 671	9 850
国家财产	1 958	890
公共设施	2 583	1 174
总　计	127 105	57 722

这个总额价值 28.86 亿万金镑，我相信，这个数额太大了，事实上大大超出了反复质证之下可能证明其合理的那个范围，夸大到了夸张的地步。在我撰写《〈凡尔赛和约〉的经济后果》一书时，有关德国造成的损失，尚且没有确切的统计数据，在对受到战争侵害地区战前的财富水平加以考虑之后，我只能取合理推测的赔款要求的最大限额。不过今天的情况已经大为不同，有许多详细的数据，可供我们对这一赔款要求进行检核。

下面给出的详细情况引自白里安先生在 1921 年 4 月 6 日于法国参议院的陈词，其他还受到几天后发表的一个官方备忘录的补充，很可代表那个时期大概的局势：1

1　一般来说，白里安先生给出的损失额要低于 10 个月前（1920 年 6 月）塔尔迪厄先生报告中的数字，彼时塔尔迪厄先生担任被战争破坏地区委员会的主席。但是这种差别并不是很大。出于比较的目的，我在下面把塔尔迪厄先生的数字和更早些日子所做的对重建所需工程量的估算一起列出来：

	遭到破坏的数量	已修复的数量
被完全摧毁的房屋间数	319 269 间	2 000 间
被部分毁损的房屋间数	313 675 间	182 000 间
铁路线	5 534 公里	4 042 公里
水道	1 596 公里	784 公里
公路	39 000 公里	7 548 公里
桥梁、堤岸等	4 785 公里	3 424 公里

	遭到破坏的土地数量	重建并已生长庄稼的土地数量	平整的土地数量	得到耕作的土地数量
耕地（公顷）	3 200 000	2 900 000	1 700 000	1 150 000

	遭到破坏的数量	重建并已投入运营的数量	正在重建中的数量
工厂和工场（个）	11 500	3 540	3 812

更早一些的估计，是杜布伊斯先生为法国议会预算委员会做出来的，以 1918 年度议会文件第 5432 件公布。

(1) 1921年4月居住在被战争破坏地区的人口为410万，而在1914年这个数字为470万。

(2) 可耕种土地中的95%，都已重新得到平整，90%的部分已被耕作过，庄稼已经开始生长。

(3) 共有293 733间房屋被完全摧毁，已建的各类暂时居所达132 000间。

(4) 共有296 502间房屋被部分毁损，其中281 000间已经得到修缮。

(5) 50%的工厂正在恢复运营。

(6) 2 404公里被毁坏的铁路，实际上已经全部得到重建。

因此，似乎除了对房屋和工厂进行重新整修和再建，并装置家具和设备之外，其中很大一部分重建的任务已经完成。在德国支付赔款之前，就在巴黎和会召开的这两年时间里，法国工人的日常劳作已经使战争造成的严重破坏得到了很好的恢复。

这真是一个伟大的成就——再次证明法国的财富来自法国农民的坚忍和勤劳，正是这些，使法国成为世界上最富裕的国家之一。虽然在过去整整一代人的时间里，腐败的巴黎金融界浪费了法国投资人那么多的储蓄，仍然掩不住法国的富庶。当我们把目光移到北部法国，我们可以看到朴实的法国人民取得了多么了不起的成绩。[1]可是，一旦我们把目光

---

1 更近的估计（即1921年7月1日）是由福尼尔-萨尔洛维兹先生（M.Fournier-Sarloveze）给出来的，这大概也可以算是官方数据了，因为福尼尔-萨尔洛维兹先生是瓦兹河地区的代理人。下面就是他给出的数据中的一部分：（转下页）

转移到基于此而提出的货币赔款要求时，仿佛又回到了巴黎金融界的氛围当中——贪得无厌、背信弃义，对于最终无法实现自己的目标上拼命掩饰，谎话连篇。

我们且把所损害的项目中的一些与正式提出的索赔要求比较一下。

(1) 293 733 间房屋被完全毁坏，296 502 间房屋部分受到毁损。由于基本上所有部分受损的房屋都已经得到了修缮，所以，出于大略比较的目的，我们若假设平均而言只有一半房屋被损毁，应该没有过低估计了事实的情况，这样一来，就等于说被完全毁坏的房屋间数就是 442 000 间。回过头来看，我们发现法国政府有关房屋损毁的索赔要求是 167.68

（接上页）

居民房屋（间）			
停战时		1921 年 6 月	
被完全摧毁的房屋间数	289 147	完全予以重建的房屋间数	118 863
被严重毁坏的房屋间数	164 317	暂时得到修复的房屋间数	182 694
被部分毁损的房屋间数	258 419		
公共建筑（间）					
	教堂	市政建筑	学校	邮局	医院
被摧毁的数量	1 407	1 415	2 243	171	30
被损坏的数量	2 079	2 154	3 153	271	197
得到修复的数量	1 214	322	720	53	28
暂时进行修补的数量	1 097	931	2 093	196	128
耕地（英亩）			
停战时	英亩		
被完全破坏的土地数量	4 693 516	平整的土地数量	4 067 408
		耕作的土地数量	3 528 950
牲畜（只）			
	1914 年	1918 年 11 月	1921 年 7 月
牛	890 084	57 500	478 000
马、驴和骡子	412 730	32 600	235 400
绵羊和山羊	958 308	69 100	276 700
猪	357 003	25 000	169 000

亿金马克，也即10.06亿英镑。[1]用这个索赔额除以房屋间数，得到的结果是每间房屋平均索赔额高达2 275英镑！[2]要知道，这一索赔要求所指向的，主要都是农民和矿工们的村舍和小城镇的房屋。塔尔迪厄先生曾引用卢舍尔先生的话说，在伦斯-克利耶尔地区，战前每间房屋价值5 000法郎（200英镑），但是战后重建则要花费15 000法郎，这听起来也不是那么不合理。据估计，1921年4月巴黎的建筑成本（几个月之前还要更高）按照纸币法郎来算，3.5倍于战前。[3]但就算我们所花费的成本按照法郎来算要5倍于战前，也就是说每间房屋的重建成本高达25 000法郎，而法国政府据此正式提出来的索赔要求也还是要再高出3.5倍去。我猜想，之所以会有这样的矛盾出现，可能部分可以由法国官方索赔要求中包含了间接的损失，这也就是租金的损失。对于出于战争原因在受到破坏的地区造成的**间接**的金钱和商业损失，赔款委员会似乎并未给出它的态度。但是我认为，这类索赔要求按照条约并不合理。这类损失

1　假设汇率是1英镑等于4美元。

2　即使我们假设每一间房屋都被彻底毁坏了，所得出的数字也大约只有1 700英镑。

3　布伦尼尔先生曾花费大量的时间来批评我，他（《泰晤士报》，1921年1月24日）引用了一位法国建筑师的估计，认为平均每间房屋的重建成本为500英镑，并对此表示认可，同时还引用了一位德国人的估计，这位德国人估计出来的结果是平均每间房屋的建筑成本为240英镑，对此布伦尼尔先生表示无法认同。在同样一篇文章里，他还称，被毁坏的房屋间数为304 191间，遭受损害的房屋间数为290 425间，一共594 616间。在指出这些问题当中不可忽视的情感因素的重要性之外，他接着又用个数目乘上了个500英镑，这个数目可不是房屋的间数，而是人口数，由此得到了个7.5亿英镑的答案。我们该怎么回复这样一种基于情感的乘法呢？ 对于这些意见，又当如何有礼貌地反驳？（他给出的其他数字，一目了然，满篇都是印刷错误，一脑门子的糊涂账，连公顷和英亩之类的都分不清，随便哪一次战斗袭击就可以毁掉一个地区，这样一堆别有用心的混乱结论，不值一哂，不值得任何严肃的批评。作为一位作者，在这些主题上撰文写作时，布伦尼尔先生的能力简直可以和拉斐尔-乔治·李维先生相媲美了。）

虽然也的确存在，但是与其他地区所产生的类似损失并无根本上的差别，而这样的地区在协约国边境随处可见。然而，即便是这一项上最大的索赔额，在证明上述数字合理方面也不会有太大的作用，哪怕我们考虑到在这类附加的项目上犯下更大的估计错误，也不会有损于索赔要求被夸大这个结论。在《〈凡尔赛和约〉的经济后果》一书中，我估计房屋财产的损失在2.5亿金镑，可能是一个相当公平的数字了；至今我仍然认为，这个数字大体是正确的。

（2）对于房屋损失提出的赔偿额中，并不包括家具和家用器具方面的损失，这是另一项索赔要求中的部分，该项索赔额为114.17亿金马克，近7亿英镑。这个数字到底是否合理呢，我们先假设全部家具和家用器具都遭毁损，不仅房屋被完全摧毁的情况下如此，即便是房屋遭到部分毁坏的情况下也是如此。这的确会造成过高的估计，但我们暂且把它当作一个出发点，对这样的事实加以考虑：在很多情况下，家具之类可能已经被掠走，即使在房屋的结构根本没有受到破坏的情况下，也不可能通过赔偿而使之得到复原（实际上有很多这类家具或家用器具已经物归原主）。被毁损或完全破坏的房屋总间数为590 000间。用这个数去除7亿英镑，我们可以得到每间房屋平均价值1 180英镑——每个农民或矿工房屋中的家具和家用器具平均估价竟然超过1 000英镑！要去推测这种估计何以如此夸张，我也大感踌躇。

（3）然而，所有索赔项目中最大的一项则是"工业损失"，高达176.73亿金马克，合10.6亿英镑。卢舍尔先生在1919年给出估计，认为煤矿重建成本为20亿法郎，根据汇率平价换算，此成本为8 000万英镑。[1]而

---

[1] 塔尔迪厄表示，由于之后出现了价格上涨情况，根据纸币法郎来算，卢舍尔先生的估计已经不足。在这里我已经通过把纸币法郎按照汇率平价折算成英镑，对之加以考虑过了。

鉴于英国所有煤矿的战前价值估计仅为 1.3 亿英镑,而且战前英国煤矿的产煤量 15 倍于法国受侵害的地区煤矿产量,所以这个数字似乎也过高了。[1] 但即便是这样,我们接受它,也还是有将近 10 亿英镑的缺漏无法解释。里尔和鲁贝庞大的纺织业其原材料被掳走,但工厂却并没有受到严重的损坏,这一点也可以由以下的事实得到佐证:1920 年这些地区的羊毛产业雇佣的人数已达战前雇佣人数的 93.8%,棉花产业雇佣的人数也占到了战前雇佣人数的 78.8%。在图尔昆,57 家工厂中有 55 家已经开张运营,在鲁贝,48 家工厂中有 46 家已经恢复生产。[2]

据说,一共有 11 500 家工业企业在战火中受到损害,但其中包含了每一家乡村工场,其中四分之三的工场雇佣的人数不超过 20 个。这些工业企业,在 1921 年春天,有一半已经重新恢复运营。而对此所做出的平均索赔要求又是多少呢? 扣除上述的煤矿损失赔偿额,用该项目下的索赔总额除以 11 500,我们可以得出的平均数额为 8 500 英镑。其夸大的程度初看起来似乎与房屋和家具的情况不相上下。

(4) 余下的项目中比较重要的是未建土地。该项下的索赔要求为 98.5 亿金马克,约合 5.9 亿英镑。塔尔迪厄先生(前引书第 347 页)曾这样引述劳合·乔治先生的话:巴黎和会期间,在进行讨论时,劳合·乔治先生指出法国的索赔要求有些过度:"如果你们一定要花掉你们为北部法国遭受战争重创地区的重建而索要的钱,我敢肯定你们都没有办法

---

[1] 伦斯的煤矿是战争中属意彻底摧毁的目标,由 29 个矿井组成,1913 年雇佣的工人人数为 16 000 人,煤炭产量 400 万吨。

[2] 这些数字我是从塔尔迪厄先生那里摘录的,他在其著作的其他一些章节中,曾经引证过,根据他当时的看法,重建工作几乎很难开始,但是这些数据告诉我们,重建工作已经接近完成,这真是让我们耳目一新。

花完它。而且除了这点之外，要知道，土地还在那里，并没有消失不见。尽管它确实有些部分隆起得很厉害，但是它也仍然没有消失。你要是把贵妇小径（Le Chemin des Dames）[1]拿出来拍卖，也还是能找到买主。"事实证明，劳合·乔治先生的观点虽不中，亦不远矣。1921年4月，法国总理这样对参议员们说，耕地中95%已经得到重新平整，90%已经得到耕作，庄稼正在生长。由于土地闲置了若干年，土地耕种时常受到战争的扰乱，有些土地竟然出现了土壤肥力实际上还有所改善这样的情况。除了证明补偿这类损失比预期要更容易之外，我们还可以更进一步，法国受到战争影响的11个行政区（除林地之外）共有耕地面积约6 650 000英亩，其中270 000英亩位于"被彻底摧毁的地区"，2 000 000英亩位于"西线战场挖掘堑壕[2]以及被炮击的地区"，4 200 000英亩位于"仅被占领的地区"。因此，这一索赔要求在**全部区域**上一平摊，可以得出的结果是每英亩合90英镑，前两类地区上平均下来的索赔要求约为每英亩260英镑。虽然我们在描述时都是把它限制在未建土地上的，但法国的索赔要求可能也包括了农场建筑（而不是房屋）、设施、牲畜以及1914年8月份还在生长的庄稼。经验证明，只有较小的区域土地的长期质量会受到严重的损毁，有鉴于此，有关土地的后面这几项可能应该是构成了其索赔要求的主要部分的。我们也可以考虑对林地造成的破坏。但是，即便对这些项目中每一项都给出较高的估计值，

1　贵妇小径（Le Chemin des Dames）位于法国埃纳省，是建造在山脊上的一条休闲步行道，全长约35公里。从此处，游客可以观赏到埃纳河（l'Aisne）两岸的秀丽风光。这条小路是由法国国王路易十五设计给他的女儿们作娱乐之用。在第一次世界大战期间，它重要的战略位置导致对其控制权的反复争夺。这些战斗发生于1916年到1918年，是西线战场的著名战役。今天，这条小道重新成为旅游观光路线，沿路分布有要塞、洞穴、关于战争的博物馆以及拿破仑雕像。——译者注

2　这里的英文原文为"trenches"，后来"the trenches"常指第一次世界大战的西线战场。——译者注

我还是看不出我们怎么才能得到一个高出实际索赔要求三分之一的总数来。

这些论据尚不能称得上非常精确，但对于我们的论证而言，这已经足够了，提交给赔款委员会的索赔要求根本不值一驳。我认为，这一索赔额至少是实际情况的四倍以上。不过，我也有可能会忽略了某些索赔项目，因此，在进行这类讨论时，为可能的错误留出足够宽泛的空间来，或许更好。因此，我断定，平均来看，索赔要求是实际情况的两倍到三倍以上。

对于法国的索赔要求，我已经花去了很多的时间，这是因为法国的索赔额是所有国家中最大的，而且，它所给出的索赔项目我们可以拿到具体的材料进行讨论，这比其他那些协约国的情况要好一些。表面上来看，比利时的索赔要求与法国一样，应该加以批评。但在它的索赔要求中，对平民征收的税负以及对一般老百姓造成的个人伤害，所占的份额比较大。而物质上的损失尚在其次，其规模大大低于法国。比利时的工业已经恢复运营，且其效率与战前已然无异，仍需补偿的重建数量也已不是很大。1920 年 2 月，比利时内务部部长在议会中称，停战之时，比利时有 80 000 间房屋和 1 100 座公共建筑被毁。这表明，比利时在此项上的索赔要求应该只有法国的四分之一左右。但是，鉴于法国那些受到战争侵犯的地区财富更多，所以，大体可以断定，比利时的损失要小于法国相应损失的四分之一。比利时实际上提交的有关财产、船只、平民和战俘（也就是说，除去抚恤金和津贴之外总的索赔要求）的索赔要求，合计可达 342.54 亿比利时法郎。比利时财政部在 1913 年曾出版过一份官方的调查报告，对该国全部财富给出的估计值为 295.25 亿比利时法郎，有鉴于此，显而易见，即便考虑了比利时法郎贬值的因素之后，这一索赔额也大大超出了实际的情形。我应该能够这样说，比利时就其索赔要求夸大的程度，较之于法国，有过之而无不及。

除了抚恤金和津贴之外，英帝国的索赔要求几乎全部集中在船只运输的损失上。遭到破坏和损毁的船只吨位是确定可以知道的。而船上货物的损失计算起来则面临不小的困难。平均而言，损失1吨船体，补偿30英镑，1吨货物，补偿40英镑，根据这样的标准，我在《〈凡尔赛和约〉的经济后果》一书中 [*JMK*，第二卷，第83页] 估计这一索赔额为5.4亿英镑。实际提出的索赔要求为7.67亿英镑。这主要依赖于当时对重置成本的计算。实际上，吨位中的大部分是用战争结束前或结束后不久开始建造的大船来取代，因此其价格要远高于1921年通行的价格水平。但是，即便是这样，所提出的这个索赔额也还是非常高的。其所依据的基础，是按照船体每吨毛损失补偿100英镑，货物损失也按这个标准而计算得到的，其中超额的部分是依据下面的事实做出的：对于那些有所损毁但并未沉没的轮船，不再分开给予补贴，而是一同计算在内。这个数字是所能给出的最高值，对此，只要稍加援引，就可证明它不是一个合理的估计值。我仍然坚持我在《〈凡尔赛和约〉的经济后果》一书中给出的估计值。

在此，我不再就其他协约国的索赔要求进行检视。就这个国家所公布的情况，我把详情放在附录III中给出来。

上面所做的观察，事关对物质损失的索赔要求，并没有涉及那些有关抚恤金和津贴的项目部分，但是，即便如此，也已经是一个很大的数额了。按照和约，后面这些索赔项也要进行计算，抚恤金部分"在条约生效时作为资本化成本，按照这样的时期在法国生效的规模来计算"，对敌对状态期间动员起来参与战争的人员之家属应予支付的津贴"根据在法国生效的这类支付的平均规模"于每年中进行支付。也就是说，法国军队全部都适用这一条款；如果受到影响的人数一旦确定下来，这应该可以计算出一个数字来，当然，考虑到可能会出现的错误，也要留出一定的空间。按照10亿金马克为单位，实际的索赔额如下表（表2）所示：[1]

表2　　　　　　　　　　　　　　　　　　　　单位：10亿金马克

国　家	索赔额
法　国	33
大英帝国	37
意大利	17
比利时	1
日　本	1
罗马尼亚	4
合　计	93

这里没有包括塞尔维亚，因为塞尔维亚的数据无法取得，同样也没有包括美国。因此，总数算出来应该在1 000亿金马克左右。[2]

在所有各索赔项下计算出来的总的索赔额是多少，这个总额与赔款委员会最终的评估之间又存在着一种什么样的关联呢？ 由于这些索赔要求是按照不同国家的通货给出来的，所以要想得到一个切实的总数并非易事。在下表（表3）中，法郎以1金马克兑换2.2法郎的比率换算（该比率为赔款委员会所接受，上文对此有过解释），英镑基本上按平价来计（与法国法郎的比率类似），比利时法郎与法国法郎的兑换比率相同，意大利里拉是这个兑换比率的2倍，塞尔维亚第纳尔是这个兑换比率的4倍，日元按照平价换算。

1　这里2.20法郎兑换1金马克，法郎与英镑的汇兑比率是1∶20。

2　这也正是我在《〈凡尔赛和约〉的经济后果》[*JMK*，卷II，第101页]一书中给出的估计数字。但在那里我还加上过这样一句话："我感觉这个总的数额要比各国单独估计得到的数值更加可靠，对此我非常有信心。"附上这句话很有必要，因为我对法国的索赔要求做出了过高的估计，而对英帝国和意大利的索赔要求又估计过低。

表3　　　　　　　　　　　　　　　　　　　单位：10亿金马克

国　家	索赔额
法　国	99
大英帝国	54
意大利	27
比利时	16.5
日　本	1.5
南斯拉夫	9.5
罗马尼亚	14
希　腊	2
合　计	223.5

这个表格遗漏了波兰和捷克斯洛伐克，原因是这两个国家的赔款要求不予采信，美国没有提交赔款要求，还有一些比较小的索赔者在附录III中列出。

因此，以整数计算，我们可以向赔款委员会正式提出的索赔额约为2 250亿金马克，其中950亿是抚恤金和津贴，1 300亿属于其他的项目。

赔款委员会在将其决议加以公布时，既没有在不同的索赔者之间一一列举，也没有把不同项目下的索赔要求详加分类，而只是发布了一个总数。他们给出的数字是1 320亿；也就是说，这个数字大约是索赔申请额的58%。这一决议丝毫没有考虑德国的支付能力，而只是一项简单的评估而已，意在公正无偏地对待赔款问题，纳入评估范围的，乃是根据《凡尔赛和约》确定下来的索赔项目应该予以赔付的额度。

对于这项评估决议，大家并无异议，只是在舆论方面一定会有各种不同的论调。建立一个利益相关方的代表机构，这些代表们按照自己的情况给出一个公正的决议，并不是非常适当，或者说并不相宜。贯穿条约始终的，有这么一个假设，那就是协约国是不可能做错或行不公正之事的，而上述的安排正是这一假设的产物。

在英国，就如何得出这样的结论所做的讨论，未见有所报道。但是，曾一度担任赔款委员会主席的普恩加莱先生可能对其中的事务还是颇为了解的，在他 1921 年 5 月 15 日发表于《两世界杂志》(Revue des Deux Mondes) 的一篇文章里曾微露端倪。在这篇文章中，他透露了这样一个事实情况：最后的结果是在法国和英国代表之间进行折中得到的，后者竭力想把赔款数字定为 1 040 亿，对于这个数字，英国的代表不仅娴熟地加以论证，而且还热情地进行宣扬。[1]

赔款委员会的决议甫一公布，人们就发现，它比各国提出来的索赔请求额低那么大一截，我对此揄扬有加，这个数字与我自己给出的预测值非常接近，我认为这是国际事务中正义一方的力量取得的一次重大胜利。即便到今天，我在一定程度上还是这样认为的。赔款委员会用这样一种委婉的方式，否认了协约国政府提出的索赔要求的真实性。事实上，除了抚恤金和津贴之外，对于其他各项索赔要求，赔款委员会进行了大幅砍削。之所以抚恤金不在此列，乃是因为对这一项多多少少还是可以通过切实的计算得出来的，[2] 即便考虑到协约国政府初次核算上可能犯下的错误，但是也不会有 42% 的误差这么多。例如，如果赔款委员会将各协约国对抚恤金和津贴的索赔要求从 950 亿减到了 800 亿，那么，他们必然要把其他各项的索赔要求从 1 300 亿减到 520 亿，减幅高达 60%。然而，就算是这样来算，我认为，把他们的这一裁决放置于公正无偏的特别法庭前，恐怕也还是说不过去的。1 040 亿这个数字，曾由普恩加莱先生提交给约翰·布拉德伯里爵士过，可能最接近我们以严格公

---

[1] "这样的结果是由杜布伊斯先生为首的法国代表团和以布拉德伯里先生为首的英国代表团之间最终达成的一项糟糕的结果，这项妥协的结果达成之后，布拉德伯里先生就愤而离职，因为他一直在论辩 1 040 亿金马克这个数字的合理性，并对之充满热情地进行宣传。"（原文为法语。）

[2] 在这方面，实际讨论中的主要问题是纸币法郎换算为金马克时的汇率是多少。

正的方式进行评估所能得到的数值水平。

为了结束我们对这些事实所做的总结，还必须再添上两件详细的事情来做个说明。(1) 赔款委员会评估出来的总额，包含了德国**及其盟国**的全部赔偿额。也就是说，它不仅包含奥匈帝国、土耳其和保加利亚的军队，也包含德国军队所造成的损失。如果德国的盟国能够给出赔偿的话，这些赔偿额必然要从应予赔偿的总额中减除的。而凡尔赛条约关于赔款一章的附记 I 在起草时，是说要让德国来承担整个的赔款的。(2) 这个总额，不包含《凡尔赛和约》规定的战争期间协约国借给比利时而应予偿还的那部分资金。在签订伦敦协议（1921 年 5 月）时，德国在此项之下的债务暂时估计是 30 亿金马克。但是当时并没有确定这些贷款将以什么样的兑换比率来把美元、英镑和法郎兑换成金马克。这个问题被交给了赔款委员会中美方代表博伊登先生来裁断，1921 年 9 月底他公布其仲裁结果，大意是说，兑换比率应按照停战时通行的汇率来确定。按照条约规定的 5% 的利息率，如果将这一负担也算在内，我估计这项债务在 1921 年底总数约为 60 亿金马克，其中三分之一强是归英国的，法国和美国各占三分之一弱。

因此，我可以给出如下结论：严格按照《凡尔赛和约》条款的字面意义来抠，德国应予赔款的数额最佳的估计值当为 1 100 亿金马克，按比例在各个主要项目下的分配如下——抚恤金和津贴，740 亿金马克；对财产和公民个人造成的直接损害，300 亿金马克；比利时的战争债务，60 亿金马克。

这个总数，超出了德国的支付能力。不过，如果把抚恤金和津贴排除在外，这个索赔要求德国倒还是有能力满足的。赔款要求中纳入抚恤金和津贴部分，是在巴黎经历了漫长的斗争和艰苦的谈判而得到的结果。我一直认为，那些坚持认为这项要求与德国投降时接受停战协定中的条款相悖的人，是正确的。我在下一章会再回到这个主题上来。

附记5
1921年5月1日前的收入和支出

《凡尔赛和约》规定，在经过某些扣除之后，德国需在1921年5月1日之前支付10亿金镑的赔款。虽然这一规定蕴含着丰富的事实，会带来各种各样的可能结果，但是，对于巴黎的这一刻板的空想所产生的结果，过去一段时间，尚没有谁对之详加关注的。由于1921年5月5日的伦敦协议完全抛弃了这一条款，所以，也就没有什么必要对这个已经过时的议题进行争论了。不过，对于德国在这一过渡时期内实际上进行了哪些支付做点记录，倒也很有一番趣味。

下面这些详细的资料，摘自1921年8月英国财政部发表的声明：

表4　德国从1918年11月11日到1921年4月30日
交付给赔款委员会的物资之粗略记述

	金马克
现金收入	99 334 000
实物交付	
船只	270 331 000
煤炭	437 160 000
染料	36 823 000
其他物资	937 040 000
小计	1 780 688 000
尚未换成现金的固定财产和资产	2 754 104 000
总额	4 534 792 000
计	284 500 000 英镑

固定财产主要是移交给法国的萨尔区煤田，交付给丹麦的石勒苏益格的国家财产，以及如今划归波兰的那些疆域上的国家财产（有一些例外的情况）。

全部现金、三分之二的船只以及四分之一的染料，归于英国。一部分船只和染料、萨尔区的煤田、大部分煤炭以及"其他物资",归于法国。有些船只、一定比例的煤炭和其他物资,还有一些补偿,这是丹麦根据石勒苏益格的情况所做出的偿付,归于比利时。意大利得到了一部分煤炭和船只,还有其他一些少量的物资。德国在现今波兰境内的国家财产,除了移交给波兰人之外,不得转予他人。

但即便是这些款项,赔款委员会也还是拿不到。这中间还要扣减以下各项:(1) 根据斯帕协议要返还德国的 3.6 亿金马克,[1] (2) 占领军的军费开支。

1921 年 9 月,赔款委员会发布了一个大略的估计数字,如下表(表 5)。该表对协约国军队自停战之日起直到 1921 年 5 月 1 日这一期间驻军在德国境内所产生的军费开支给出了估计。

表 5

	总成本	每人每天的费用
美　国	278 067 610 美元	4.50 美元
英　国	52 881 298 英镑	14 先令
法　国	2 304 850 470 法郎	15.25 法郎
比利时	378 731 390 法郎	16.50 法郎
意大利	15 207 717 法郎	22 法郎

把这些金额全部换算成金马克,这里又存在一个常见的争议所在,那就是这种换算到底应该定在一个什么比率之上。不过,根据估计,其总额大抵在 30 亿金马克,[2] 其中 10 亿属于美国,10 亿属于法

---

[1] 其中英国预付 5 500 000 英镑,法国预付 772 000 000 法郎,比利时预付 96 000 000 法郎,意大利预付 147 000 000 里拉,卢森堡预付 56 000 000 法郎。

[2] 德国当局发布的数字稍微要高一些。按照 1921 年 9 月其财政部部长提交给德意志(魏玛)共和国国民议会的一份备忘录所述,截止到 1921 年 3 月,占领军和莱茵河地区委员会的开支是 3 936 954 542 金马克,这部分费用先由占领军各国的政府垫支,然后由德国返还,此外还要再加上 7 313 911 829 纸币马克,这部分开支直接由德国当局支付。

国，9 亿属于英国，1.75 亿属于比利时，500 万属于意大利。在 1921 年 5 月 1 日，法国大约有 7 万名士兵驻扎在莱茵河地区，英国有 1.8 万名，美国的驻军人数是比较小的。

因此，这一过渡时期的最终结果如下：

（1）撇开移交给波兰的国有财产不计，在停战协定签订之后的两年半时间里，严格按照条约的规定——意在尽可能地榨取所有可能取得的流动资产——从德国获得的可用于转移支付的财富总额，大约刚好能够弥补收取它的成本，也就是说，刚够弥补占领军的军费开支，之后，用于赔款的钱款，已经是分文不剩。

（2）但是由于美国尚未收到应该补偿其军费的这 10 亿金马克，所以其他协约国总的来说已经得到了大约 10 亿金马克的剩余。这一剩余也并非在它们之间平等分配的。英国得到了 4.5—5 亿金马克，其军费开支没有得到完全弥补，比利时得到了 3—3.5 亿金马克，超过了其军费开支，法国得到了 10—10.2 亿金马克，也超过了其军费开支。[1]

严格按照条约的字面规定，则那些所得赔款低于其应得份额的协约国，可能会要求那些获取赔款更多的协约国补上它们的差额。有关这一情形，以及 1921 年 5 月到 8 月之间德国支付的 10 亿金马克的配置，是 1921 年 8 月在巴黎暂时签署的财政协议的主要关注对象。这个协议主要是由一些对法国做出的让步构成，这些让步一部分是比利时做出的，它实际上是部分地推迟了第一笔从德国获得的赔款总额中其中 20 亿的优先受偿权，另外一些让步是英国做出的，出于协约国内部核算的目的，它在接收德国交付的煤炭时，接受了一个比条约规定更低的价值。[2] 鉴于这

---

[1] 我无法确保这些数字的真实性，这是我根据已经发布的并无完备的信息所做的粗略估计。

[2] 另一方面，关于船只方面的评估，则是接纳了英国提出的意见标准的。

些关于未来支付的让步，1921年5月1日之后收到的第一笔10亿金马克的现金赔款，要在英国和比利时之间进行分配，前者可以得到4.5亿金马克，这主要是考虑到英国应得的那笔占领军的军费补偿，余额部分归于后者，作为其优先受偿权的更进一步的分期付款。对于法国新闻界而言，这个协议意味着施加在法国身上更多新的负担，或者至少是从它那里撤销了现有的权利。但是事实并非如此。该协议自始至终都是希望引导着去对过于恶劣的条件进行调节、缓和，而如果严格地按照条约的字面意义和斯帕会议的安排来执行，情势对法国会非常不利。[1]

德国交付的这些物资之实际价值，作为可以交付的那些物资项目，其价值低于过去对该物资的估计之甚，这真是一个鲜明的例证。赔款委员会发表声明称，德国就其商船所将取得的信用，总计可达7.55亿金马克。这个数字并不高，部分是因为许多船只在吨位大幅缩水之后给清理出去了。[2] 虽然是这样，这仍然可以称得上是具有重要价值的有形资产之一部分，它一度是德国是否能够支付得起巨额赔款这一争论的答案所在。那么，根据这一资产而要求取得总的赔款额度是多少呢？这个额度是1380亿金马克，年利率6%，则总的利息为82.8亿金马克。也就是说，德国的商船即便倾其所有，大概也只能满足一个月的索赔要求，胜

---

[1] 由于该协议牵涉到白里安先生内阁中存在的一些政治方面的困难，这一情况显然受到了英国和比利时取得如上所述的那些金额的调整，对于该协议中所处理之问题的"最后和解"，这种调整要服从于它。1921年9月30日的最终结果是，包括上述金额之外，根据斯帕煤炭预支情况，英国可以再取得544.5万英镑，有关占领军军费开支（接近5 000万英镑），也已经取得或曾收取大约4 300万英镑。因此，三年赔款之结果，使英国为收取这笔赔款所花费的费用已然超出了其所得约700万英镑。

[2] 估计这些船只的出售价值，是在萧条时期，而估计德国的潜艇对这些船只造成的破坏时，其成本则是根据繁荣时期的价值确定，这似乎有失公平。我［在《〈凡尔赛和约〉的经济后果》一书（*JMK*，第二卷，第110页）］给出的对这些船只的估计价值为1.2亿英镑。

利者颐指气使，胃口大到惊人，完全湮没了任何可能的努力程度。

附记 6
赔款所得在协约国之间的分配

协约国政府利用斯帕会议（1920 年 7 月）来解决如何在它们之间分配赔款的问题，这个问题在巴黎带来了诸多的麻烦，而被悬置了起来，[1] 这就是，赔款所得在不同的协约国之间如何就其要求权进行比例上的分配问题。[2] 条约规定，得自德国的赔款要在协约国之间按照"协约国提前即已确定下来的比例分配，其基础建立在总体的公正和个体的权利之上"。根据塔尔迪厄的描述，在巴黎未能达成协议，使得这一规定不够精确的一面给彰显了出来，而在斯帕，它是这样解决的：

表 6

法国	52%
英帝国[3]	22%
意大利	10%
比利时	8%
日本和葡萄牙	各占 0.75%

余下的 6.5% 是预留给塞尔维亚-克罗地亚-斯洛文尼亚以及希腊、罗马尼

---

1 塔尔迪厄先生（《关于条约的真相》，第 346—348 页）对和会上有关此一议题讨论上的失败曾给出过阐述。在斯帕，法国所取得的比率，要比他们曾要求的以及劳合·乔治在巴黎所拒绝的比率稍微好一些。

2 有关这一协议的文本概括，参看附录 I。

3 在 1921 年 7 月的英联邦自治领首脑会议上，英帝国的这一份额被进一步在帝国各成员国之间分割如下：

联合王国	86.85%	新西兰	1.75%
一些较小的殖民地	0.80%	南非	0.60%
加拿大	4.35%	纽芬兰	0.10%
澳大利亚	4.35%	印度	1.20%

亚和其他那些未在《斯帕协议》上签字的国家的。[1]

就英国而言，这一解决方案代表着某种妥协，由于把抚恤金纳入了进来，所以，英国的要求权所占的比例超出了按照赔款条款所应得的份额；劳合·乔治先生在巴黎所要求的比例，可能更接近实际的情况（也即法国和英国的份额应该是5∶3）。以我的估计，法国应该占45%，英帝国占到33%，意大利占10%，比利时占6%，剩下的6%与按照条约其他各国的赔款要求在实际上更加一致。不过，由于所有这些事实俱在，斯帕分配方案在总体上可能已经做到相当的公正了。

同时，比利时享有的1亿金镑的优先权也得到了确认；与会各国同意，在战争期间由其他协约国借给比利时的贷款，根据条约第232款[2]德国对此负有赔偿义务，接下来一旦有钱进来即应对此加以解决。这些贷款，包括其利息，截止到1921年底，共计约3亿金镑，其中1.1亿金镑是英国借出的，1亿金镑属于法国，还9 000万金镑是美国贷给比利时的。

因此，按照斯帕协议，从德国得到的现金总额，再加上根据其支付的实际物资而得到的信用额度，将会以如下顺序清偿其债务：

1. 截止到1921年5月1日占领军的军费开支，估计为1.5亿金镑。

---

[1] 《斯帕协议》还规定，由保加利亚和前奥匈帝国的各组成部分支付的赔款收入，其中一半也应按上述比例分配，另外一半中的40%应当归意大利，60%归希腊、罗马尼亚和南斯拉夫。

[2] "德国……对比利时截止到1918年11月11日从协约国及其政府那里借入的所有款项，及其5%年利率而应支付的利息，承担赔偿义务。"偿还它的优先性是在斯帕做出的，该优先性与条约中所深思熟虑的程序稍有不同，条约规定偿还日期不得晚于1926年5月1日。

2. 按照斯帕协议预支给德国，令其购买食品的款项，此一款项为1 800万金镑。

3. 比利时享有的1亿金镑的优先受偿权。

4. 偿还协约国预付给比利时的款项，此一款项为3亿金镑。

加起来一共5.7金镑，根据我的估计，其中有1.5亿金镑归于法国，1.7亿金镑属于英国，1.1亿金镑属于比利时，1.4亿金镑归于美国。

我认为，几乎没有谁真正了解，严格按照该协议的字面意思来抠，应该归于美国的金额到底有多大的规模。由于法国已经取得上述它所应获得之份额的三分之二，同时比利时也取得了大约三分之一，英国得到的不到其份额的三分之一，而美国尚且分文未得，所以，我们可以得到这样的看法，有关德国接下来即将做出的支付，即使以对法国最有利的假设言之，在不久的将来，严格来说，可以归诸法国的金额比较而言也会非常之小。

1921年8月13日的财政协议，旨在就有关法国的那些优先条款的严苛性予以修改。[1] 有关这一协议的详细内容，尚没有得到披露，但据说，与斯帕会议就偿还战争期间协约国预支给比利时的款项方面周密考虑过的规定，会有所不同。

法国公众对这一协议的接受情况，恰足以说明，蒙蔽民众会得到什么样的结果。《斯帕协议》会带来什么样的影响，在法国从来无人真正对之有所体认，由此造成的结果是，8月达成的这份财政协议，本来是大大改善了法国的处境的，但是却被人们认为是对法国现有权利的严重干涉。多摩尔先生从来都没有勇气把事实真相告诉他的民众，虽然如果他暂时在协议上签字，很显然是有利于他的国家的，他也还是踌躇不前。

---

1 参看前文第87页。

我们曾提到，美国希望大家能够关注到和约中规定的该国的特殊地位。美国没有正式签署条约，并没有使其丧失任何的权利，既没有损失占领军军费开支中自己的那个份额（不过，这在较小的程度上通过美国保留下来的德国船只来弥补），也没有损失其在战争期间预支给比利时的那部分应该受偿的资金。[1] 由此可知，按照字面意思，美国有权在不久的将来取得德国支付赔款的相当一部分份额。

不过，我们还曾提到过一种对这些要求的补偿（第 50 页），但是，这里必须先略过不提。根据条约，处在协约国境内的德国私人财产，一旦那些协约国接受了清算事务所的方案，首先可将它们运用到德国公民欠下所涉的协约国公民的债务偿还上，而其余额，如果还有，才可以用于支付赔款。而德国人类似在美国的财产应该如何去留，仍未确定。这部分余下来的财产，其价值可能约有 3 亿美元，[2] 仍会由敌国财产保管委员会保留下来，直到国会做出其他的决定。根据这些资产而贷给德国的款项，也曾不时地进行过磋商，但是其法律地位使其无法取得任何可能的进展。不管怎么样，德国人的这部分重要财产，现在仍然处在美国人的掌控之下。

---

1 美德之间在 1921 年 8 月 25 日签订、随后正式批准的和约的第一款，明确规定，德国应给予美国 1921 年 7 月 2 日国会联合决议中规定的所有权利、特权、赔偿和利益，"包括《凡尔赛和约》中对美国有利的所有权利和利益，尽管这一和约美国并未正式签署，但并不对此有所影响。"

2 按照华盛顿在 1921 年 8 月发表的一份声明，保管委员会手中掌握的德国人的财产，价值高达 314 179 463 美元。

第五章　抚恤金要求的合法性

将道德规范运用于国际政治，与其说这些规范已经在现实当中运行如常，不如说这只是我们的一种愿望罢了。而且，当我和数百万人一起共同制造了某项罪行，那我所能做的，也不过就是摊开双手，耸耸肩膀而已。

——摘自对《〈凡尔赛和约〉的经济后果》

一书作者做出友善批评的信件

在前一章中，我们已经看到，对抚恤金和津贴的索赔要求几乎是对战争造成的破坏所要求的索赔额的两倍，以至于把这部分要求纳入到索赔账单中来，这个账单一下子就使得协约国的赔款要求扩大了近乎三倍。它使协约国的索赔要求在可以被满足与无法被满足之间划出了一条界限。因此，这部分索赔要求至关重要。

在《〈凡尔赛和约〉的经济后果》一书中，我认为这一索赔要求与我们当初的约定背道而驰，而且在国际上这乃是一种不道德的行为，对此，我给出了自己的理由。自该书出版之后，有关这部分索赔要求的问题，已有很多人对之大书特书，但是，我并不认为我所给出的结论曾经被认真地进行过辩论。美国的大部分作者是接受它的；法国的大部分作者忽略了它；而英国的大部分作者则试图表明，不是说证据的天平不在我这一边，而是说，从另外一面来看，还有若干似乎合理或者是不该忽略的观察结果需要再做斟酌。他们的看法是 17 世纪天主教耶稣会的教授们所持的或然论观点，意思是说，除非有绝对的把握证明协约国的行为错误，否则的话，协约国的做法就是正当合理的，只要有哪怕是一丝可能站在了协约国一边，对于将它们从不可饶恕的重罪中拯救出来，就已经足够。

但是，在曾经是德国之敌人的那些国家，即使我的观点得到认同，其大部分的国民也不会对他们的国家予以苛责。在本章伊始，我所引述的那段话所描述出来的，正是这样一种普遍的态度。国际政治是一场流氓无赖之间的游戏，而且一直都是如此，普通公民几乎不可能感受到这些游戏会对他们直接负责。如果我们的敌人打破了这些规则，那么，他的行为可能正好为我们表达自己的感情提供了恰当的机会；但是，要使我们能够取得冷静的看法，这样的机会一定是无能为力的，此种情况之前从未发生过，将来也不会发生。善解人意而又高尚正直的爱国者，是不会喜欢这样的行径的，但是他们"也不过就是摊开双手，耸耸肩膀而已"。

这里是有着某种常识在的，这一点我不能否认。如果把国际道德解释成一种天然的法律，那么，它可能对这个世界是非常有害的。至少，对于这些规模庞大的交易，与对私人事务一样，如果我们不能**通盘**加以考虑，那我们就会判断错误，这一点的确如此。反过来，当政治宣传把奔突的激情、情绪、自利心和道德邪说杂糅在一起，把群体的情感不断释放出来时，如果我们求助于在这中间发挥作用的那些原理，无疑是肤浅之举。

虽然我从未见到这样的事情发生，而且人们的动机也从来一如其故，但是，我仍然认为，这种行为真是格外卑劣，那些动辄以"道德"的大棒加之于人的伪善之徒还会让它变本加厉。我反对回到这种行为上来，半是出于历史的原因，半是出于具体的实践。与此高度相关的那些新材料，我们已经可以取得，它们向我们昭示了事态的发展过程。而如果出于实际当中存在的那些原因，我们放弃这一索赔要求，那么，我们会更容易达成和解。

那些认为向敌人索求抚恤金乃是对协约国所曾签下的协定之背离的人士，之所以持有这样的看法，是基于威尔逊总统以及协约国的权力当局在1918年11月5日向德国政府发布的通告做出的，而正是这些通告，才使德国放下武器，接受了停战的条件。[1]相反的观点认为，如果协约国那么做只是一时之权宜手段，那么它们就完全有权利提出抚恤金的索赔要求，这一观点可以由两派不同的论据而得到支持：第一，1918年11月11日给出的停战条件，并不从属于威尔逊总统于1918年11月5日发布的通告，而是对它的取代，尤其是关于赔款方面，更是如此；再者说，如果对威尔逊总统当时的措辞正确地加以理解，细抠之下，并不会找得到明确摈弃"抚恤金"的字眼儿。

克劳茨先生与和会时的法国政府是接受这第一派的论辩的，最近还曾得到过塔尔迪厄先生的赞许。[2]但是，在巴黎，它遭到了整个美国代表团的批判，也从未得到过英国政府的明确支持。除法国人之外，所有对条约有着责任心的作者，也从未承认过它。[3]在对德国代表就条约初稿给

---

1 在《〈凡尔赛和约〉的经济后果》一书的相关章节里，我给出了确切的内容。

2 《关于条约的真相》，第208页。

3 例如，国际事务研究所资助出版的《巴黎和会史》(*The History of the Peace Conference of Paris*)，给出了如下意见（II，43）："关于授权给协约国在和约中要求赔款之讨论，必须受这一声明的约束（即威尔逊总统1918年11月5日的通告），这份声明应当被视为一份纲领性文件，我们只能将它解释为是对协约国无可置疑的要求赔偿全部战争费用的有意的约束，除此之外，很难有别的解释。"

出的评论所做的答复中,和会也明白无误地拒绝了这样的观点。第二派观点是和会期间英国政府提出来的,正是这派观点,最终让威尔逊总统做出了转变。我依次来对这两种观点进行阐述。

1. 有很多人已经对当初的详情做了披露,这在过去是秘而不发的,正是这些,可以让我们重现当时停战协定的讨论过程。我们先来对协约国战争委员会在 1918 年 11 月 1 日提出的停战条款做一番回顾。[1]

首先映入眼帘的,是各协约国政府们对威尔逊总统的答复(正式通告的文本是在之后的 1918 年 11 月 5 日交给德国的),它阐明了对"十四

---

[1] 接下来这部分内容摘自一本对当时停战问题进行讨论的著作:《秘密谈判和四次停战协定及支持文件》(*Les Négociations secrètes et les Quatre Armistices avec pièces justificatives*),该书由奥伦多夫出版社(Ollendorff)于 1921 年出版于巴黎,署名为"莫美克斯"(Mermeix)。这本非凡的著作并没有受到其本应受到的关注。这本书很大一部分,是由对协约国当初在商讨停战条款所召开的最高级别的会议上形成的秘密档案进行一字不差的转录的副本所构成。从表面来看,其所披露的内容是可靠的,部分可以与塔尔迪厄先生的著作相印证。在这本书中,很多段落以极大的兴趣关注的地方,和我当下所谈论的议题没有关系,比如,其中有一部分在讨论,如果德国人继续制造麻烦,则协约国是否应该坚持让德国舰队投降。福煦元帅也出现在这份记录当中,其表现令人钦敬,他认为,为了一个毫无意义或微不足道的目标,不值得再兴干戈,使生灵涂炭,对待敌人也不应过于苛亥」。道格拉斯·黑格爵士(Sir Douglas Haig)也持同样的观点。在答复豪斯上校时,福煦元帅这样说:"如果他们接受这些我们加给他们的停战条款,这就意味着他们是在向我们投降。这样的投降之举,可以让我们予取予夺,从中获得最大的胜利。在这样的情况下,我无法承认我有权去冒不止一人的生命之风险。"之后又在 10 月 31 日说道:"如果我们的条件被他们接受,我们再也没有其他比这还要好的结果值得期盼了。我们参战,只是为了实现我们的目的,我们不想再徒劳无益地把这场战争延续下去了。"贝尔福先生提议,从东线撤离的德国人应该在他们之后再加上他们三分之一的军队,跟随他们一起撤离。福煦元帅对此所做的答复中这样评论道:"所有这些条款所带来的干涉,让我们的文件显得缺乏诚意,因为这些条件中的大部分是无法得到执行的。我们应该把那些并不现实的禁令一概抹去。"对于奥地利,他也表现出了同样的人道主义精神,他很担心一些政治家正在提议的对这个国家实施进一步的封锁。"严格来说,"他在 1918 年 10 月 31 日说道:"我是在介入来插嘴一个非军事问题。我们打算一直这样封锁下去,直到和平到来,也就是说,一直封锁到我们制造出一个新的奥地利来。那可能是一个漫长的时期;这意味着,我们是在判一个国家承受饥馑的惩罚,这可能会把它逼到无政府状态上去。"

点计划"中赔款部分之观点的解释，这份答复草拟之后，在最高委员会的会议上（即 11 月 1 到 2 日的会议）得到批准，**同次**会议上，还起草了关于停战条件的相关条款；直到协约国已经就停战条件的草案达成一致，批准了该草案之后，它们才最终通过了对威尔逊总统的答复。按照法国的主张，停战协议草案中的条件取代和否定了对威尔逊总统答复中所列的条件。[1]

关于最高会议议程的记录（现已披露）并没有迹象表明，与会者口是心非，法国的主张由是占了上风。另一方面，最高委员会并不打算引用停战协议中的赔款条件，而以某种方式来修正他们对总统的答复。

就与这一点相关的那些材料看，这份记录可以概括如下：[2] 克里蒙梭先生呼吁大家注意，第一份停战协议对于被掠的财产要物归原主或对于赔款事宜，并未提及。劳合·乔治先生回应道，应该对被掠财产物归原主有所提及，但是，赔款是一个和平条件，而不是停战的条件。海曼斯先生（M.Hymans）也赞同劳合·乔治先生的看法。索尼诺先生（M.Sonnino）和奥兰多先生走得更远，他们认为这两条都不应放在停战协议中，但是却打算接受劳合·乔治-海曼斯的包含被掠财产物归原主而不包括赔款这样的折中方案。由于海曼斯先生提议，讨论暂时推迟，从而就此草拟出一个方案来。第二天讨论继续，克里蒙梭先生给出了一套方案，要求对战争造成的损害进行赔偿。海曼斯先生、索尼诺先生和博纳尔·劳先生对于是否应该把它写入停战协议，都表示怀疑。克里蒙梭先生回应称，他只想提一下这个原则，而如果根本不提到赔款事宜，法国的公共舆论会感到非常惊诧。博纳尔·劳先生反对："在我们致威尔逊总

---

1 这得到了塔尔迪厄先生的证实，见上引书第 71 页。
2 参看莫美克斯（Mermeix）上引书第 226—250 页。

统的信中，此点已经提到，总统会与德国就此进行沟通。因此，这里再加以重复，并没有什么意义。"[1] 这番回应言之成理，而且它也没有反对克里蒙梭先生提出的要求，照顾了公众舆论的感情和心理预期。然后，最高会议开始就其他各项议题展开了讨论。当他们打算散会的最后一刻，克劳茨先生不失时机地插上这么一句："在财政问题前面放上一个保留协约国未来索赔请求权的条款，会比较妥当，我这样向大家提议，加入这么一句'之后协约国提出的任何索赔请求或其他要求，与此协议并无冲突。'"[2] 很多人认为这一问题意义重大，他们觉得通过加入这样的条款，会免除有些人的忧虑，认为不在这份文件中提到赔款要求，就意味着协约国放弃了现在的这些索赔权利，现在看来，这实在是杞人忧天。后来，克劳茨先生曾自吹自擂道，在"十四点计划"中影响到赔款和财政的方面，仅凭此雕虫小技，他就把它们统统抹煞（尽管同样是这次协约国会议，还发出了一份说明给威尔逊总统，表示与会各国均接受了"十四点计划"），确保了协约国可以向德国索取全部战争费用。但我认为，这个世界会判定，在是否把这些无关痛痒的语句附上去这个问题上，最高委员会原来的做法是对的。克劳茨先生玩了一个小聪明，要了个小把戏，为此沾沾自喜，不能自胜，他的同僚塔尔迪厄先生则抱残守缺，固守着一个正派人如今都弃如敝屣的看法，始终不肯放松。

　　这里有一段后来大家都已经知道的插曲，克劳茨先生这番话的遭际可以被认为是对这个世界的各种陷阱所做的绝佳说明，而这个插曲就与

---

[1] 博纳尔·劳先生的这番重要评论也曾为塔尔迪厄先生所引用（上引书第70页），因此其真实性无可置疑。

[2] 法语原文为：'Il serait prudent de mettre en tête des questions financières une clause réservant les revendications futures des Alliés et je vous propose le texte suivant："Sous réserve de toutes revendications et réclamations ultérieures de la part des Alliés."'

这段话有关。由于是在最高会议中间休息期间，克劳茨先生这才有机会把他的那句话拿出来说，所以，很可能他的话根本就没有引起他所认为的关注。而命运会捉弄每一个人，正是克劳茨先生说话的时机似乎使其中一位抄写员把话给抄错了。不是抄成"revendication"，该词的意思是"要求"，他抄成了"renonciation"，意思是"放弃"，结果把这个词给写进了递交给德国以供其签字的文本中去了。[1]这个词用在这里并不是那么合适。不过，这个错误给克劳茨先生造成的麻烦，要少于预期，这是因为在巴黎和会上，没有谁注意到，官方发布的停战协议的法文版本，也即克劳茨先生在赔款委员会上加入那句话的版本，在其措辞上隐含着克劳茨先生的一番心机，却与德国实际签署的那份文本并不一致。尽管如此，"renonciation"这个词仍然可以在英国和德国政府的正式文本中找得到。[2]

2. 另外一派的观点提出了在智识上更加微妙的一些问题，它已经不仅仅是玩一个小小的戏法那么简单的事情了。如果我们的权利确实受到威尔逊总统以协约国的名义在1918年11月5日交与德国的通告内容所管束，那么，问题就在于如何对这些内容进行解释。由于巴鲁奇先生（Baruch）和塔尔迪厄先生（M.Tardieu）已经把原来仅限于他们二人所知的和会期间涉及对此一问题进行讨论的大部分官方报告（包括非常机

---

[1] 文本是这样的：'Sous réserve de toute renonciation et réclamation ultérieure'，而不是这样的：'Sous réserve de toutes revendications et réclamations ultérieures'.

[2] 我把这段插曲记录下来，把它看成是历史的吊诡。按照我的看法，文本上到底写的是"revendications et reclamations"还是"renunciation et reclamation"无关宏旨；因为我认为这两种措辞方式都只是一个保护性的词句而已。而如果的确是后面这种措辞，则克劳茨先生所持立场的合理性都大大减弱了（如果真能减弱，则在这个事情当中其立场会进一步受到弱化）。国际事务研究所出版的《巴黎和会史》一书的编辑，是第一个发现这个问题，并把这种矛盾予以公开指出来的（其书第五章第370—372页），该编辑认为，使用哪一个文本这个问题，对于克劳茨先生的论证之价值而言有着重要的差别。

密的文件）公之于众，所以，现如今我们可以比以前更好地去评估协约国所提出的问题之价值。

总统发布的公告奠立了和平的基础，公告指出，不应再有"贡奉"和"惩罚性赔偿"，但是，比利时、法国、罗马尼亚、塞尔维亚和黑山共和国这些受到战争侵害的国家，在其疆域之内，所受的损害要得到恢复。这其中并不包括在海上被潜艇攻击以及空中袭击所造成的损失。相应的，协约国政府在接受总统的方案时，就"恢复"一语的意涵这一点，也做了保留，这体现在这样一句话上："根据这一点（即比利时、法国、罗马尼亚、塞尔维亚和黑山共和国这些受到战争侵害的国家，在其疆域之内，所受的损害要得到恢复），他们的理解是，对于德国在海陆空方面的侵略给协约国及其盟国的平民和财产所带来的全部损失，德国必须予以赔偿。"

读者们一定要谨记，这些话乃是作为对"对受到侵略的国家疆域内所受到的损害予以恢复"的解释而加入进来的，其自然含义和目的所在，是要把海上的潜艇与巡洋舰的攻击，以及空中的战机与飞行器的打击，视同于陆地上的军事侵略，只要事先充分地对此加以注意，我们就能够认识到，无论在哪种情况下，这都是对该句话意思的合理延伸。协约国的理解正确无误，如果它们不加上后来加入的那句话，那么，"对受到侵略的国家疆域内所受到的损害予以恢复"可能会只限制在由陆地上的军事侵略造成的损害。

对协约国政府这一保留意见的解释——即它将海上或空中的侵略行为视同陆地上的侵略行为，而"对受到侵略的国家疆域内所受到的损害予以恢复"可能并不包括抚恤金和离居津贴——在巴黎的美方代表是接受的。按照他们的理解，德国所需承担的责任范围，限于因这类侵略造成的"对非军事性质的财产造成的直接物质损失以及对平民造成的直接人身伤害"[1]；除此之外他们承认在总统公告中的不同部分下所当承担的更多责任，仅限于那些违反国际法的情况，比如在支持比利时方面违反了《中立法》，以及对战争期间投入监狱的人员采取了非法的手段这些方面。

如果英国首相虽然向他的选民承诺要比这一解释所认为合理的程度更严苛地从德国那里榨取赔款，[2]但仍然没有赢得大选，如果法国政府也未曾激起那些非分的预期，我怀疑，是不是还有人会对这一解释提出挑战。这些承诺的做出，实在是不计后果。不过，在他们刚刚提出这些承诺之后不久，就希望提出者承认这与其当初的约定相悖，也不是一件容易做到的事情。

讨论是在那些声称我们并未曾做过任何允诺，要对战争所直接或间接造成的损失和伤害免去德国赔偿之责的代表之间展开的，而不是与美国人坐下来商量。巴鲁奇先生说道："有一个协约国国家甚至走得更远，停战协议达成得如此出乎意料，以至于结束双方的敌意还要蒙受财政上的损失，由此带来的损失和伤害也需做出赔偿。"

在讨论的早期阶段，各种观点都曾流行一时，和会赔款委员会中英国的代表，即休斯先生（Hughes）、萨姆纳勋爵（Lord Sumner）和坎利夫勋爵（Lord Cunliffe），支持就所有战争费用而非仅就战争损害进行赔偿。以下几点是他们所极力主张的：（1）由威尔逊总统阐明的这些原则中有一条认为条约的每一款都应做到公正无偏，而令德国承担全部战争费用是符合有关公平的一般性原则的；（2）英国之所以会产生这些战争

---

[1] 巴鲁奇，上引书第19页。

[2] 正如巴鲁奇先生所言（上引书第4页）："在作为和平基础条款的停战协议达成之后，即举行选举，由于这一点，**在进一步使和约中的条款严厉对待德国，尤其是在赔款方面进一步压榨德国的基础上**，英国的民众自然以压倒性的优势，回过来支持他们的首相。"（着重点是我所加。）

费用，全因德国不遵守比利时中立条约所致，因此，英国（但关于这一点所有其他协约国并不必然拥有此权利）有权按照国际法的一般原则获得赔付。我想，这些一般性的看法，完全敌不过约翰·福斯特·杜勒斯先生（John Foster Dulles）的那些讲演，此公乃是美国代表团选出来的发言人。下面就是对他的发言所做的节选：

> 如果那些赔款原则应该更加苛刻才符合我们的情感需要，如果这些原则应该无所不包才符合我们的物质利益，那么，抛开这些动机，试问：我们为什么仅仅以某些受到限制的方式来提出赔款要求呢？ 先生们，那正是因为我们不能这般随心所欲。我们不是在这里想一个新奇的建议，以此来处理敌对国该以公正的方式支付多少赔款；摆在我们面前可不是一张白纸，让我们随心所欲地写下我们想要的钱数。不错，摆在我们面前的，是有一张纸；但是，这张纸上已经写满了文字，底下还有威尔逊先生、奥兰多先生、克里蒙梭先生和劳合·乔治先生的签名。我敢肯定，你们都知道我所说的这些文字到底是什么：那可是德国认同的和平基础。

然后，杜勒斯先生对相关内容进行简要的回顾之后，继续说道：

> 这一协议的确构成了对我们行为的约束，对此还有什么疑问吗？ 在1918年10月和11月谈判之时，大家都认识到，所规定的这个赔款条款将会对相关国家的赔款要求做出限制，而这些赔款要求曾是他们要求敌人予以接受的和平条件，这一点早已是人尽皆知，无须多言。德国的全部目的就在于确定，要想换取和平，它最高需要支付多少赔款，彼时，协约国特别就赔款事宜谋求扩大原来的提议，这一行为只能在以下推测之上才可以得到解释和理解：一旦协

议达成,他们就不能再自由地确定德国必须进行支付的赔款数额。如此一来,我们一致认定,如果德国能够做到某些规定需要做到的事情,那么我们就可以给她和平。现在,我们是不是可以坦然地对她说,"是的,不过,你要想得到和平,那还必须做点更多别的事情"呢? 我们曾这样对德国说:"如果完成其他那些要求之后你还能再做到某些赔款事项,这会花掉你1 000万美元,然后,你可能就可以拥有和平了。"现在,我们是不是可以明确地杜绝这样的说法,"如果你做到了其他那些可以让你的总债务比最初规定的翻上许多倍的赔款规定,你就可以拥有和平"呢? 不能;不管要求敌对国完成后面这些赔款要求上是否公正,现在对它来说一切为时已晚。不管是好是坏,我们的协议都已经达成;余下的,仅仅是给它一个合理的解释,以及在实际当中实施起来。

其中,英国代表从未撤销其要求赔偿全部战争费用的主张,即便到了1921年3月,这一问题已经由最高会议接手处理之后,他们也仍然未尝松口。美国代表给他们的总统发电报,请求总统支持他们的立场,而彼时总统正在前往欧洲大陆的大海上,他回复称,美国代表不应同意,如有必要,还要把这种不同意的态度公之于众。他认为,我们不能认同"显然与我们当初经过深思熟虑使敌国产生期待的那些事情相违背的"程序,"先前的承诺我们不能只是因为自己现在手握权柄就公然改变。"[1]

在此之后,这场讨论才算进入到了一个新的阶段。英国和法国首相放弃了他们的代表所持的观点,承认了1918年11月5日文告中的内容所具有的约束力,开始集中精力从文告的字里行间寻找所存在的歧义,以使他们的选民感到满足。"对平民造成的伤害"到底是什么意思? 这

---

[1] 巴鲁奇,上引书第25页。

难道不能做深入的解读，把军人的抚恤金和给战士们家属发放的别居津贴悉数包含在内？如果可以，那么，德国需要偿付的赔款就会增加到一个很高的数额，从而能使几乎所有人感到满意。不过，正如巴鲁奇所记录的那样，有一点值得指出来，即"靠工资过活的人因为被战争剥夺了工作机会而造成的财务上的损失，'对平民造成的伤害'仅仅和缴纳赋税以支付供养军事设施之类的战争费用所带来的财务上的损失相等同。"事实上，别居津贴或抚恤金仅仅是财政部所要求赔付的战争费用众多项目中的一个而已。如果像这类要求都可以被视为平民损失，那么，回到对全部战争费用进行赔偿的局面，不过是一步之遥。这是因为，这些费用必然都是落在纳税人身上的，而一般来说，纳税人就是平民。把这种论证的逻辑结论推出来之后，其诡辩的一面就表露无遗了。"对受到侵略的国家疆域内所受到的损害予以恢复"这句话的解释语句中，到底津贴和抚恤金是如何被涵盖进去的，尚且语焉不详。虽然到目前为止他们非常希望总统先生改变看法，但是，威尔逊总统的良心还没有什么明显的改变（因为对于总统来说，现在与他的同僚们争论不休的地方比比皆是，比这个问题更加紧迫的还有很多）。

美国代表记录道，压服总统剩下的那点儿良知的最后观点，被写进了1919年3月31日史末资将军所主持完成的备忘录里。[1]简而言

---

[1] 这份备忘录曾由巴鲁奇先生（上引书第29页之后）详细地予以发表，它属于那类最机密的文件。而这份备忘录只是孤零零地呈现给世人，脱离开了当时的环境，这就使得其观点失去了合理性的基础（在巴鲁奇先生的叙述当中，我们找不出需要更进一步予以阐发的东西），然而却又对个人的动机进行了解释。《经济学人》（1921年10月22日）对《巴黎和会史》（*History of the Peace Conference of Paris*）（此书受国际事务研究所资助出版）卷五所做的评论，我亦深表赞同，这段评论把上面的备忘录进行了重印，称："如果继续散发和传播这份文件，而又不对当时准备这份文件时的背景进行解释，对史末资将军的声誉是非常不公的。"虽然如此，全世界还是应该看到这份文件，它对这个世界非常重要，和参与其中的个人之动机与声誉相比，孰重孰轻，自有公论。

之，这一观点就是：退伍之后，战士重新又变成了平民，因此，在他离开军队之后，他身上的伤病依然会伴随他的生活，这就是对平民造成的伤害。[1]正是根据这一观点，"对平民造成的伤害"也就包含了那些对战士造成的伤害。最终，我们的这番索赔公案即建立在**这一观点**之上。因为总统先生的良心紧紧抓住的就是这根稻草，事情就这么解决了。

这个问题是在四人的秘议中解决的。我用美国代表拉芒特先生（Lamont）的话来把最后的景象呈现给大家：[2]

> 威尔逊总统决定支持把津贴部分也纳入到赔款中去的那一天，我记得很清楚。在位于托马斯·杰斐逊广场（The Place des États-Unis）[3]总统先生府邸中的图书馆里，我们几个人接受了召见。总统传唤我们，是要讨论有关津贴这个特别的问题。我们向他解释道，在美国代表团中，我们找不到有哪一个律师支持把津贴纳入到赔款要求中来。所有的逻辑都是反对它的。"逻辑！逻辑！"总统大声说，"我不管什么该死的逻辑。我就是打算把津贴

---

[1] 接下来这段在备忘录中非常突出，这段话是这样的："战士解甲归田之后，重新复归平民生活，作为平民之一员，他受到伤害，对于未来生活，他（全部或部分地）丧失了独立生活的能力，对于这类伤害，德国仍然要再次对之承担补偿责任。换言之，因丧失了生活能力而由法国补偿的抚恤金，实际上也应该由德国政府来承担，德国政府必须要在上述保留意见下对法国政府进行补偿。我们不能认为，他作为一名战士时因战争而伤残，如果他不能在退伍后胜任日常的工作，那么作为平民，他就没有蒙受损失。退伍之后，他作为一名平民同样受到了伤害，这样的讲法名正言顺，给他的抚恤金应该能够弥补这样的伤害，因此也当由德国承担起赔偿的责任。"

[2] 《巴黎到底发生了些什么》（*What Really Happened at Paris*），第 272 页。

[3] 该处是法国巴黎第十六区的一处广场，名托马斯·杰斐逊广场，广场上**矗**立着拉法耶特和华盛顿的塑像。1923 年 7 月 4 日，法国国民议会在该广场竖立纪念碑，向一战期间在法国服务的美国志愿者表达敬意。——译者注

也包括进来。"1

好吧！也许，那个时候我自己也置身其中，容易在感情上有所触动，但是，我可做不到只是"摊开双手，耸耸肩膀而已"。无论这样的举止是不是恰当，在这里，为了供我的英国同胞和协约国盟国来对之慎重地验看，我还是要把我们对德国索赔要求中余下的三分之二部分的道德基础展示给你们来看。

104

1　拉芒特先生补充道："这不是对逻辑的蔑视，而只是对专业意见的不耐烦；它体现了总统抛开一切废话，而欲直抵问题的本质。在房间中的我们，无不有此感受。"这些话不仅略显天真地把现代机会主义者对合法性问题产生的不耐烦给表露出来，把他们对既成事实的尊重显露无遗，而且勾起了对这场糟糕透顶的讨论那令人精疲力竭、人人都渴望它尽快结束的氛围之回忆。这场讨论经月不休，同时激起了知识分子的愤怒，对大多数与会者的良心也是一番折辱。然而，即便是这样，毕竟是长久的信誉所在，美国代表团仍然坚定地站在了法律的一边，只有总统一个人孤零零地向虚假的政治上的迫切需要低眉屈从。

第六章　赔款、协约国内部债务和国际贸易

当下,强烈要求降低协约国对德国的索赔要求以及减免美国对协约国的债务,已经成为一时之风尚,其原因在于,这类支付只能以商品来完成,固守原来的索赔或债务要求,必将对债权人造成非常大的危害。

减免这些债务,对协约国和美国的自身大大有利,我认为这一点是千真万确的。但是,最好不要使用那些比较糟糕的论证,一无所得必然有害的意见也不合理,或者并不正确。在这一章,对于目前流行的那种信念,即认为强迫德国"把商品送到我们面前"有害无利,我做一番分析,从中明辨是非。

这个论证过程稍显复杂,请读者诸君少安毋躁。

1. 债务国是直接把商品交付给债权国,还是把它们进行售卖,然后汇还现金,并没有什么大的差别。无论是在哪一种情况下,商品最终总要运送到世界市场上,在售卖的过程中,总是会与债权国相关产业进行竞争或合作,到底可能是哪一种情况出现,取决于商品的性质而不是它们是否在市场上出售。

2. 只要债务国的竞争性商品以其他的某种联系形式在出售,譬如用它们来换取其自身的进口物资,那么,**规定用哪些**非竞争性商品来还债并无多大用处。这只不过是把头埋进沙子中,自欺欺人而已。例如,

如果以外力刺激德国的出口，那么，德国自然会把总产出中更多的部分拿过来出口，如此，则我们是可能把那些不构成竞争性的商品给挑选出来的；但是，我们自认为用来支付债务的是这些特定的商品而不是其他那些商品，这对整个局势不会造成哪怕是最轻微的影响。因此，预先规定德国应该用哪些具体的商品种类来支付赔款，而如果这些商品无论如何都是会拿来出口的，那么，此举不会有任何作用。同样，禁止德国以某些指定的商品来支付赔款，如果这样做仅是表明，她通常会把这些商品出口到其他某些市场上以换取进口物资的话，也不会有什么作用。就我们自己而言，让德国用某些特定商品的形式赔付我们，并没有什么好处，或者，对美国来说，让我们用某些特定商品的形式偿付对美债务，也没有什么好处，无关大局，除非这种行为可以在整体上**修正**支出国出口的形式。

3. 另一方面，如果这些商品不管怎么样都要在世界市场上出售出去，那么，即便它们是以竞争性的姿态售出，对于这笔商品收入，我们不取分毫，也不会对我们造成什么危害。

4. 如果强迫债务国偿付债务的结果是使这些债务国以较低的价格提供具有竞争力的产品，而如果没有这样的外在压力，它们本来价格可以卖得更高些，那么，那些债权国生产这些产品的行业必然会受到冲击，即便从总体上债权国可以实现利益上的平衡，但这种冲击还是会带来不利的影响。

5. 如果说债务国做出的这些支出不会到那些与债务国产品形成竞争的国家之手，而是到了第三方手中，那么，很显然，在前面的第四条之下，要弥补这种直接损失，就势必无法实现利益的平衡。

6. 债权国总体上的利益平衡是否比对国内某些行业造成伤害值得追究，这个问题的答案取决于债权国可以合理期待持续获得债务国支付的时间长度。最开始的时候，因为竞争的冲击而对某些行业造成的伤害，以及对这些行业雇佣的工人造成的伤害，很可能要比所得到的那些好处更重要。但是，随着时间的流逝，资本和劳动流向其他行业，利益会重新实现平衡。

把这些一般性的原则运用到我们和德国的具体情况上去并不困难。德国的出口品与我们的相比，更具竞争力；如果德国的出口受到外力的刺激，可以肯定，德国一定会更多地出口，这就会对我们造成冲击。虽然我们也能挑出若干德国并不具有竞争力的出口品或有这种可能的出口品，比如碳酸钾和蔗糖，但是，这一事实并不会改变前述的结果。如果德国出口**大大**超过进口，那么，其必然提高其具有竞争力的产品之销售规模。在《〈凡尔赛和约〉的经济后果》 [*JMK*，第二卷，第 119-125 页] 一书中，我在战前统计数据的基础上对此做出了详细的证明。我在该书中表明，不仅是那些德国必然要出售的商品，就是那些其出售这些商品的市场，也会构成我们产品和市场的主要竞争对手。战后贸易的统计数据表明，先前的观点仍然成立。表 1 告诉了我们德国出口贸易在各主要出口项目上所占的比重都是多少，第一列是 1913 年，第二列是 1920 年的前九个月（这是我手头掌握有精确数字的最近的几个月份），最后一列是 1921 年 6 月到 9 月这四个月的情况，但我认为这些数字所做的归类不是非常具有可比性，而且仅是暂定值。

表 1

德国的出口	总出口占比		
	1913 年	1920 年（1-9 月）	1921 年（6-9 月）
钢铁产品	13.2	20	22
机器（包括汽车）	7.5	12	17
化学品及染料	4	13	9.5
燃料	7	6.5	?

(续表)

德国的出口	总出口占比		
	1913年	1920年（1~9月）	1921年（6~9月）
纸制品	2.5	4	3.5
电气产品	2	3.5	?
丝制品	2	3	15
棉制品	5.5	3	
毛制品	6	—	
玻璃	0.5	2.5	2
皮革制品	3	2	4
铜类制品	1.5	1.5	?

因此，很显然，虽然除去煤炭之外的原材料，比如碳酸钾、蔗糖和木材等，可能稍有收益可言，但是，德国却只能通过出口钢铁产品、化学品、染料、纺织品和煤炭，围绕这些高价值的出口品展开贸易，这是因为只有这些出口品种类，德国才可以生产出较大的数量。同样很显然的是，自大战以来，不同出口贸易产品相对于其他产品在比例上的相对重要性，除了外汇形势的变化带来的些微刺激之外，并没有什么明显的变化。这些出口贸易品包括钢铁产品、机器、化学品、染料和玻璃，没有涉及那些较为重要的原材料。

因此，强迫德国支付大笔赔偿金，与强迫其以原本达不到的程度来扩大出口上面所述的那些出口品，并没有什么分别。德国能够实现这种出口规模扩大的唯一途径，只能是以比其他国家更低的价格来提供上述产品；德国要让自己能够以更低廉的价格供应这些产品，一部分要靠压低德国劳动阶级的生活标准，同时还得在同一水平上维持其生产效率，一部分要靠对德国出口行业进行直接或间接的补贴，其代价只能是让德国社会的其他行业来承受负担。

这些事实之前被人忽略，而现在可能又被一般的大众舆论所夸大。上面阐明的第三条原则，需要我们多加关注。无论我们是否强迫德国进行赔款，我们的产业都将遭受德国的强力竞争，这种情况与战前并无差别；我们一定不能把无论哪一种情况下都将存在的那些麻烦事一股脑儿都交给赔款政策来解决。像预先规定德国应该以何种形式进行赔付这种目前甚嚣尘上的灵丹妙药，绝称不上是救世的良药，真正的良方乃在于降低总的赔款数额，使其**达到**一个合理的数字。这是因为，预先规定德国赔款的方式，并不能让我们从总体上控制住其出口的形式；以赔款为目的，将某类特定的出口品吸纳殆尽，我们就会迫使德国扩大其他商品的出口规模，只有这样才能支付得了其进口的商品，并承担其他国际责任。另一方面，通过让德国承担力所能及的赔款，我们可以确保这种赔款的规模能够持续下去。举个例子，在某种适度的赔款规模下，德国可能还可以兴建新的对外投资项目，而不需要在整体上刺激其出口，竭泽而渔。仅从英国自身利益而言，这乃是一条正确的道路。

　　第五和第六条原则的实际运用也显而易见。拿第五条来说，英国所取得的赔款并不是全部，而只是其中的五分之一；同时，第六条原则给出的观点，一直都是非常紧要的，对此我一直这样认为。有谁会相信，协约国在一到两代人的时间内可以对德国政府施予充分的压力，另一方面德国政府又在各个方面拥有足够的权威，从而可以不断地、大规模地从强迫劳动中榨取勤劳的果实呢？　没有人会在内心里真正相信，一个人都不会有。我们要想把这件事坚持到底，那真是一点可能性都没有。如果这件事果真有可能做到，毫无疑问，必会在两年或者三年内，打乱我们的出口贸易，破坏我们的工业平衡状态，这根本就不值得，也就更不用说危及欧洲和平这样的重大影响了。

　　同样的原则，也适用于美国对各协约国政府战争债务的索取这一问题的修正。在这些战争债务偿还的过程中，美国的工业将会受到损害，这主要还不是因为各协约国努力偿还战争债务时在廉价商品方面对美国工业形成的竞争，而是因为协约国方面无力像过去那样，按照通常的规模从美国购入产品。协约国政府为了还债，必将尽力搜罗资金，而所用手段主要还不是多卖，而是少买。如此一来，美国的农场主受到的损失甚至还要更甚于制造业者；要防止进口的增加，还可以动用关税这样的手段，而要刺激陷入衰退的出口，却没有如此简单易行的办法。然而，让我们感到惊诧的是，华尔街和工业比较兴盛的东部各州已经准备考虑战争债务的修正问题，而中西部和南部各州，据说（我也是根据传闻）却是在拼死反对。这两年当中德国尚不需向协约国支付现款，在此期间，英国的制造业者对于偿付实际开始时对他们将会产生什么样的后果，还完全不清楚。协约国须向美国做出的现款偿付还没有开始，一旦协约国认真地全数偿还，那么，美国的农场主和英国的制造业者一样，对于他们将会受到什么样的损害，也是一无所知。我向来自美国农业地区的参议员和众议员提出这么一条建议，免得他们不久之后就像我们自己的那些支持高赔偿的人们那样，蒙受道德和智识两个方面的侮辱，我建议他们立刻小心谨慎地在哈丁先生（Harding）负责的行政机构努力的相反方向进行投资，确保自己不受约束地按照这种方式明智行事，（甚至可能在很大程度上会）与舆论和事态的进展步调一致。

然而，美国的情况和英国一样，关键并不在于在某些特定的利益方面所遭受的损失（这种损失会随着时间而逐渐消失），而是对战争债务的索取未必能够长久维持，即便在一个较短的时期内它们得到偿付，长远来看也是难以为继的。我之所以这样说，不仅是因为我对欧洲各协约国的偿付能力深表怀疑，还因为在平衡与旧世界的商业关系上，摆在美国面前的问题是多么棘手。

美国经济学家近来从统计角度仔细分析了美国战后和战前情况的对比。据他们的估计，美国应收的利息要大于所欠外国投资的利息，这还远没有算所有的协约国政府所欠债务的利息；美国的商业航运提供同样的服务，从国外所赚得的也已超过了它应向国外支出的数额。它的商品出口每年超过进口将近30亿美元；[1]它的对外支出多半是游客和侨民主要付给欧洲的汇款，估计每年不超过10亿美元。如此一来，要使收支平衡，美国就必须以各种形式向外贷出资金，这个数字每年当不低于20亿美元，此外如果欧洲各国政府偿付战争债务的本息，则按年来算的话，那就要在这20亿美元之上再加上6亿美元。

因此，近年来美国每年都会向世界各地——主要是欧洲——借出数额高达20亿美元左右的资金。对于欧洲来说值得庆幸的是，其中有相当比例的部分都被消耗在贬值纸币的投机性购买上了。从1919年到1921年，美国投机者的损失，让欧洲得到了实惠；但是，这种现象只能是一时的，不可视为长久的收入来源。暂时来看，贷款政策足以应对欧洲的时局；但是，过去欠款的利息不断攀升，长此以往，情势只会越来越严重。

商业立国的民族总是要把大量资金运用在海外贸易上。但是，我们现在知道，对外投资的实践在时间上并不很长，是一个非常现代的新方式，性质上并不稳定，故只适用于一些特殊的环境。当一个新兴国家无法独自地依靠自己的资源走上发展道路时，可以在这种方式之下，得先进国家一时之助力而获得进步；如此则双方可以相互受益，借入国获得发展，收益丰厚，借出国可以本息如数收回，有所保障。但是这种方式却不能反其道而行之。如果欧洲就像19世纪时美国在欧洲发行债券那样，现在在美国发行债券，那就会画虎不成反类犬；因为总体来看，

---

1 在到1920年6月的景气年度里，总贸易额达13.35亿英镑，出超额达2.87亿英镑。在1921年6月的萧条年度里，总贸易额为10.15亿英镑，出超额为2.86亿英镑。

欧洲并没有出现自然的增长，并没有债务本息所据以偿还的**实际可靠的**资金作为基础。如果真要这样做的话，借入国只能借助于借入新贷款来支付利息，债台愈筑愈高，到后来完全不必再存什么幻想，认为债务背后还有什么实际可靠的基础可言。美国投资者对购买欧洲债券一向兴趣索然，这种态度是有常识上的依据的。

1919年年底，我（在《〈凡尔赛和约〉的经济后果》一书中）曾提议，可以由欧洲向美国借入一笔重建资金，不过有一个条件，那就是欧洲应当先把自己的家务事整顿一下。在过去两年中，尽管欧洲怨声不绝，实际上美国还是发放了**为数甚巨**的贷款，这一额度比我当年提议的还要大得多，尽管形式上并不主要是那种正规的美元债券。美国发放这些贷款时，并没有附加什么特殊的条件，其结果是相当大一部分资金就此付诸东流。虽然他们的资金有一部分是被浪费了，但是停战后最为危难的那段时期，美国还是帮助欧洲渡过了一个难关。不过，在当下欧洲收支仍不能平衡的状态下，这样的行为即便延续下去，也仍然无法解决问题。

在向那些世界上比较落后的新地区——如英属领地和南美洲——输入它们所需要的资本方面，这一任务一向都是由英国、法国和德国来承担（德国的比例相对较小），今后要由美国来取代这些国家予以执行了。这对于欧洲收支不平衡，当会起到部分调整效果。俄罗斯帝国无论其亚洲部分还是欧洲部分，都可以被视作未经开发的处女地，过一段时间之后，它或许可以为国外的资本提供一条合适的出路。美国投资者如果像英法投资者过去所做的那样，将资金贷给这些地区，比直接贷给欧洲那些古老国家要明智得多。但是，仅仅靠这些，尚不足以弥补美国收支之间的整个间隙。美国的进出口余额最终必须重新予以调整，这或许已经为时不远。美国必然会多买而少卖。这是它唯一可以采用的办法，否则就得年年向欧洲进行无偿的赠送。美国物价上涨得必然要比欧洲为快（如果美国联邦储备委员会在黄金流入之后听任自然，就会出现这样的情况）；否则的话，由于欧洲外汇汇率进一步走低，则欧洲除了必需品之外，再无余力购买其他商品，这就必然会使美国买多而卖少。出口一旦衰退，美国的出口商人不可能猝然改变既有的生产布局，一开始或许还可以通过降价来应对一时的局面；但是，这种办法势难久长，这种低于生产成本的贸易苦力支撑一段时间之后，譬如两年左右，他势必要缩小业务范围，甚或完全放弃这种业务。

设若美国一方面意欲使出口至少维持当今之状，而另一方面又想借助关税来限制进口，以图在这样的基础上达成平衡状态，那么，这不过是绝不可能有用的一种幻想罢了。这就好像协约国一方面向德国提出巨额赔款要求，另一方面又费尽心思让它不能支付赔款，二者是同一个道理。美国政府一方面想方设法对出口予以资助，另一方面又通过关税来尽可能地使这项资金的偿还面临重重困难。有些在个人层面我们不能原谅的愚蠢之举，在一些大国身上却往往而见。

如今全世界的黄金都流向美国，可谓金山耸立，势可摩天，此时若能让这种趋势稍作停顿，可能会大有裨益。但是，如果美国既拒绝黄金，又仍要求偿付其债务，那么甚至可能出现这样的情况——一个新的米达斯（Midas）[1]会横空出世，一方面只是得到了一些无济于事的金块，另一方面却又想着丰厚的美味佳肴。

一旦美国在政策上做出了此类调整，那么所产生的影响将极为严重，会使得一些重要的利益受到损害。除此而外，如果美国还要对协约

1　米达斯（Midas），一译迈达斯。希腊神话中的佛律癸亚国王，贪恋财富，求神赐给他点物成金的法术，狄奥尼索斯神满足了他的愿望。最后连他的爱女和食物也都因被他手指点到而变成金子。他无法生活，又向神祈祷，一切才恢复原状。——译者注

国的债务毫不放手，那么情势必将演变到不堪之境。假如美国坚持这样做，甚至干脆放弃其出口方面的产业，将这个产业中使用的资本用作他途。另一方面，再假如处于美国原来友邦地位的欧洲国家，决定全力以赴，不惜任何代价来偿还债务。如果真是这样，那么我们不否认最后结果可能会使美国获得物质上的利益。但是，这样的设想是完全虚妄的。世间怎么会有这种事存在。美国绝然不会贯彻实施这样的政策，这是无可置疑的；一旦美国体验到了此种政策下发生的初步后果，它必将即刻便放下原来的方案，改弦更张。即便它真的冥顽不化，协约国到时也决不会照付欠款。这种情况和让德国赔款的情况一模一样。协约国对德国提出的赔款要求，现如今已然无法执行。同样，美国要收回协约国的战争债务，怕也无法全始全终。长期来看，这两种政策都不是可以认真执行的政策。凡见闻广博之士，于私下交谈之中，对此无不颔首承认。但是，我们生活在一个不可思议的神奇时代，新闻界的言论要迎合的不是那些最易为人所理解的意见，而是最不能为人所理解的舆论，因为后者才能传播得更为广远。因此，在一个较长时间段内，口之所言与手之所书，会呈现出一种矛盾状态，这种矛盾之状，常使人感到荒诞不经，令人啼笑皆非。

若然如此，如果美国还要实施在没能获利之前即要放弃的那种政策，势必会恶化它与欧洲的关系，在两年间徒然打乱其出口产业的状态，如此绝非上策之选。

对于那些喜欢抽象表述的读者，为了方便，我把这里提到的观点再行归纳一遍。国际贸易的均衡是建立在世界上不同国家之间农业与工业之间复杂的平衡关系之上的，是各个国家在劳动力和资本使用上专业化的体现。如果一个国家不得不把大批商品无偿地转给另外一个国家，这是贸易均衡所不能允许的，这种平衡关系也势必会遭到破坏。由于资本和劳动是固定的，且是以某种固有的方式加以组织利用，无法自由地流到其他途径，所以这种平衡关系一旦打破，对于原本固定下来的资本和劳动的效用而言是颇具破坏作用的。当今世界，其财富的涌现主要取决于**组织**（organisation），在这种情况下，组织就会遭到破坏。只有经过相当长的时间，新的组织和新的均衡才能够建立起来。但是，如果扰动的起因是暂时性的，那么由于组织的破坏而造成的损失，也许会超过由无需支付资金即可得到的商品所带来的利益。此外，由于这些损失会集中在某些产业所使用的资本和劳动上，故而它们可能会激起强烈的反抗，由此而发生的损失将远大于整个社会所遭受的损失。

第七章　条约的修正和欧洲事务的处理

夏洛克：我一定要照约实行，不要听你讲什么鬼话。我一定要照约实行，所以请你闭嘴吧。[1]

劳合·乔治先生带领着我们走向的泥潭越深、越肮脏，要是他能把我们从中摆脱出来，那么他的声誉也就越高。他把我们拖曳进来，满足了我们的欲望；再把我们从泥潭中拖出去，拯救了我们的灵魂。他一手护持，让我们蹦蹦跳跳走过那花香小径，接着又及时地为我们扑灭未熄的篝火。历史上又曾有谁像我们这样，既经历了天堂般的美好，又饱尝地狱般的阴寒呢？

在英国，舆论几乎来了个一百八十度的大转弯，首相承诺不再强迫德国支付赔款，会保障人人就业，并追求一个对所有人来说更加幸福的欧洲，赢得大选唾手可得。一旦上台，首相为什么不这么做？但是，我

---

[1] 这段话凯恩斯摘自莎士比亚的戏剧《威尼斯商人》第三幕第三场。该段话的全文是："夏洛克：我一定要照约实行，不要听你讲什么鬼话。我一定要照约实行，所以请你闭嘴吧。我不像那些软心肠流眼泪的傻瓜们一样，听了基督徒的几句劝告，就会摇头叹气，懊悔屈服。别跟着我，我不要听你说话，我要照约实行。"《威尼斯商人》是莎士比亚早期的重要作品，是一部具有极大讽刺性的喜剧。大约作于1596—1597年。剧本的主题是歌颂仁爱、友谊和爱情，同时也反映了资本主义早期商业资产阶级与高利贷者之间的矛盾，表现了作者对资产阶级社会中金钱、法律和宗教等问题的人文主义思想。——译者注

们的这位浮士德摇动装满圣杯光环和地狱之火的万花筒如此之快,让我目不暇接,至于这中间各种颜色如何融为一体,我已经无法分辨。我最好还是构设一种完全独立的解决办法,要实行这种办法,除了对大众的意志有所改变之外,其他都不必要,在这个意义上,要想到这样的解决办法是有其途径的。我希望借此对大众的意志有所影响,而把它交给那些审时度势、判断什么时候大肆渲染这类关于政治标语的模式才是安全的人们去完成。

回首两年之前,重读昔日我落笔之文,当年横亘在眼前的深重危难,如今已然平安渡过。欧洲普罗大众的坚忍以及其制度的稳定,使人们从这场史无前例的浩劫中走出来。两年之前,《凡尔赛和约》湮没了世间的公义、温情和智慧,沦为战胜国泄一时之愤的工具。那些受害者会有足够的忍耐力吗？ 或者说,难道他们不会受到绝望和匮乏的驱使,去动摇社会的根本吗？ 现在,我们已经有了答案。他们一直表现得很有忍耐力。除了对个人造成的苦痛和伤害,并没有什么其他的事情发生。欧洲社会正在趋向于一个新的均衡。我们已经准备好改换心态,从力求避祸,一变而为重新恢复健康。

过去帮助欧洲度过厄困的因素,除了普通民众的忍耐力之外,还有其他一些方面。那些当权之人的行为,表现得要比他们的言语明智得多。如果说除了那些与确定国家边界和裁减军备有关的条款之外,和约几乎没有什么其他的内容得到实施,也只是略有夸张而已。我曾预言,一旦赔款条款付诸实施,则必将伴随发生许多灾难。而这些灾难并没有出现,这是因为事实上这些条款并没有什么人认真地执行过。而且没有人能预知条约制定者们收回他们原先的话时会是一种什么样的情况,[1] 所

---

[1] 原文直译是"而且没有人能预知条约制定者在吃掉他们原先的话时会用什么佐料"。——译者注

以，大家也就不再把实际上对赔款这一章的执行当一回事。与预期不太一样的是，这里还有第三种因素，乍看起来还颇显乖谬，但虽然是这样，它也还算自然，与过去的经验倒也一致，这所谓的经验就是如下事实：劳动阶级唤醒自己，要挟其主人，往往是在利润不断增长的时节，而不是在那些日趋萧条的日子。一旦时运不好，生活的窘迫会压得他们喘不过气来，劳动阶级会重新回到往日的状态，由于人已经被生活折磨得十分疲惫，也就默然接受了一切现状。1921年，英国和全欧洲都认识到了这一点。法国大革命之所以会发生，很可能是因为18世纪法国的财富在不断增长之故——彼时法国是世界上最富庶的国家——而不是旧政权的苛捐杂税所致。使人们试图摆脱枷锁的，不是贫穷，而是那些趁机牟取暴利之人。

因此，虽然商业萧条、汇兑不畅，表面上来看，欧洲还是非常稳定的，也比两年前健康得多。思想上的混乱较之以前是减少了的。这次大战所摧毁的经济组织，也部分地得到了恢复；除了东欧之外，交通状况基本上都得到了修复；欧洲各处普迎丰收，只有俄国是个例外，而且原材料供应也颇为充裕。英国、美国，及其海外市场，所遭逢的商业繁荣的周期性波动，较之以往显得更加剧烈；但是，有迹象显示，最低谷的时期已然过去。

还有两个障碍横亘在我们面前。条约虽然没有得到贯彻，但是，它也仍然没有受到修正。欧洲的经济组织中，其中在通货管制、公共财政以及外汇方面，与过去相比，仍然是一般糟糕，并没有丝毫改善。大部分欧洲国家仍然没有实现国家支出与其收入之间的良好平衡，以至于通货膨胀一直在延续，其货币的国家价值也波动不止，面临着巨大的不确定性。本书接下来给出的建议，都是针对这些问题做出的。

有关欧洲的重建，当前给出的一些建议，要么失之于过于家长制作风，要么就是过于复杂；而且，有时候也过于悲观了。病人们所需要的，既不是药丸，也不是手术，而是自然和健康的环境；在这样的环境下，他们才能够发挥自己那休养复原的活力。因此，良好的计划必然主要是消极的；摆脱束缚，使局势不再复杂化，而是朝着相反的方向发展，对于那些无关紧要而又有害的种种瓜葛一概斩断，这样的精神在它身上必须有所体现。目前，每个人都面对着他们无法承受的责任。一俟抛给欧洲各国财政部长的诸般问题**有可能**成为现实，那么，对于各种潜在的能量或操作的技巧，人们再也没有去挖掘和学习的动机了。但是，如果这种局面**一旦**形成，陷入破产之境的国家只能归咎于自身之失，那么，在每一个国家，经济的高度统一性和最为成熟的财富技巧就有了用武之地。通过本章的提议，我并不是意在预先给出解决问题的方案，而是要创造这样一种局面；在这种局面下，解决之法有其实现的可能。

因此，就其主要内容而言，我的建议并不显得过于新奇。现在为大家所熟知的部分或全部取消德国的赔款和协约国内部的债务，是我之建议的主要和必不可免的特征。而那些不打算接受这些举措的人，必不能自命对欧洲的重建怀有着严肃的兴趣。

取消或减免赔款及债务，需要英国做出让步。一个英国人，如果不觉难堪，而又对他本国的公共舆论氛围略有了解，他是会同意做出这样的让步的。但是，要让美国做出让步，就更加困难。一部分美国新闻媒体的态度，滋长了一种几乎难以抗拒的诱惑，几近欺骗（或者说，其报道真假参半、断章取义）。此举竟还被认为是在促进国与国之间的友好之情。这般行事是非常轻易就可以做到的，又可以收获众人的钦敬；而更加糟糕的是，坦诚相见无法起到应有的作用时，这样的作为甚至可能还更加奏效。我则反其道而行之，虽然这样会使人常心怀疑虑，并且良心难安，但是他还是会希望站在我们这一边的（不仅本章如此，全书都是这样），我可能有些固执，却坚信长期来看开诚布公总是好的，即便这样做在一开始的时候麻烦不断，但这并不会改变最终的结果。

截止到目前，从德国基本上没有收上来什么赔款，协约国也没有把它们欠美国的债务之利息清偿掉。因此，如果不是战争的后遗症以及商业上的周期性衰退所造成，则我们当前所面临的麻烦是不能归咎于把条约在这方面的规定付诸实施所得到的结果的，而应归咎于对它们可能会被执行的不确定的前景。所以，从这一点可知，只是一味地敷衍，对我们并无益处。而敷衍正是我们这两年来一直在做的事情。甚至将我们对德国的赔款要求缩减到德国实际的最大支付能力以内，切实地迫使其进行赔付，可能会把事情搞得比现在还要糟糕。把协约国内部的债务拦腰砍去一半，然后尝试着进行收取，对于现在面临的这些困难也不是一种解决之法，反而会加剧困难的局面。因此，解决问题的方案必不能是那种试图从每个人身上榨干只存在于理论论证中的最后一便士的那一类；其主要的目标必然是要给各国的财政部部长设定一个在未来五年内能够明智地加以解决的问题。

I. 条约的修正

根据赔款委员会的评估，条约总的赔款要求为1 380亿金马克，其中1 320亿用于赔付抚恤金和赔偿金，60亿用来支付比利时的债务。赔款委员会没有说明这1 320亿金马克中多少用于支付抚恤金，多少算作赔偿金。我自己对条约总赔款要求的估计（见原书84页）是1 100亿金马克，其中740亿用于支付抚恤金和津贴，赔偿金的数目为300亿，比利时的债务为60亿。

信服本书第六章观点的人们，认为应该放弃对抚恤金和津贴的赔偿要求，他们觉得提出这样的要求实在有失体面，这一章的观点的确有说服之功效。如果接受第六章的那些观点，则赔款要求会缩减到360亿金马克，这个数额也许无法充分满足我们的要求，未必符合我们的利益，但它却可能在德国理论上的支付能力以内。

我简单地大笔一挥，对那些不再具有操作性或有用性的各种条款一概略去，也不再去关注后文述及的有关停止军事占领的条件，而只是把注意力局限在我关于条约的修正意见上。且让我把目前评估的1380亿金马克换成360亿金马克。

在停战协议下，对这360亿金马克，我们是得到了严格的授权的；而且若为了谨慎起见，建议再做压缩，降到这个数字之下，那么，按照协议的条款，只有那些有权提出赔款要求的人才能做得出确当的压缩。我估计，360亿金马克的总额可以按照下面所给出的表格中的比例数来进行分配，对于这一估计结果，我是有信心的。

根据我的判断，要求德国就这一总额支付5%的利息和1%的偿债基金，在理论上并无实现的可能性。而只有以一种对英国有害的方式刺激其出口产业，给其财政部制造严重的财政问题，致使其政府财政紊乱、行政虚弱、乱象丛生，我们才能实现上述的目标。即使这一支付在理论上可行，我也不认为在长达30年的漫长时间内，它会在实践当中可取。

表1　　　　　　　　　　　　　　　　　　　　　单位：10亿金马克

	损害赔偿金	比利时的债务	总计
英帝国	9	2	11
法国	16	2	18
比利时	3	—	3
意大利	1	—	1
美国	—	2	2
其他国家	1	—	1
总计	30	6	36

因此，我建议，除了上述对条约的修正之外，英帝国还应该另外规

定，放弃自己全部的索赔要求。除了下文所解释的为了特定的目的而需保留的 10 亿金马克之外，其他都应该放弃，而且还应该通过取消债务的形式对意大利和其他较次要的索赔国的赔款要求进行调整；如此一来，德国所需赔偿就只剩下法国的 180 亿金马克和比利时的 30 亿金马克（这个算法背后的隐含假设是，美国也像我们一样，放弃属于自己的那份蛋糕）。这个数额应该每年清偿总额的 6%（5% 的利息率加上 1% 的偿债基金），时间持续 30 年。再加上其他一些辅助的措施，以缓解头几年的压力，则我们可以合理地认定，在不对任何一方造成严重损害的情况下，这个数额是可以得到清偿的。

目前很容易就可以证明，用商品而不是现金偿还这一债务，可能要好得多。但是，我没有看到在这方面施加压力有什么好处。让德国尽其所能地去找到生财之道，通过互惠协议用商品来作支付，就像在威斯巴登计划中所设想那样，要更加明智。

然而，在长达 30 年的时间里，确定用**黄金**每年支付多少金额，可能会导致诸多畸形的结果。如果黄金价格下跌，这一负担就可能过于沉重。如果黄金价格上扬，索赔者可能又会觉得他们的期望落空，受到了欺骗。因此，每年的支付额应该由一些公正的权威机构，参照黄金的商品价值指数做出调整。

其他对条约所做的改变与军事占领有关。如果作为新的和解方案之一部分，协约国的军队从德国境内全部撤出，无论出于何种目的而把所享有的侵略性权利悉数废除，只保留一些国际联盟多数票支持的那些权利，那么，这一和解方案是可以促进欧洲的和平关系的。不过，反过来英帝国和美国也应该向法国和比利时保证，除了战争之外，其他方面也尽可能地对之施以援手，使他们虽然降低了索赔要求，却不会因此而心生不满；同时，德国也应该保证在莱茵河西岸的本国领土上完全非军事化。

II. 协约国的满意程度

法国。接受这样的和解方案，是否符合法国的利益呢？ 如果结合英美两国取消了法国的债务这些更进一步的让步条件来看，这个和解方案是绝对符合法国的利益的。

法国当前的赔款要求与债务总额到底处在一个什么样的局面呢？ 法国有权获得德国支付的赔款额中的52%。在本（原）书第48页，我曾给出了在伦敦和解方案下德国将支付的金额到底是多少，其中建立两个假设之上。假设（a）：德国的出口以60亿金马克的速度增长，如此则这一数额为35.6亿金马克；假设（b）：其出口以100亿金马克的速度增长，这样则这一数额为46亿金马克。因此，在假设（a）之下，法国的份额是每年18.5亿金马克，在假设（b）之下，她的份额是每年23.9亿金马克。另一方面，她欠美国36.34亿美元，欠英国5.57亿英镑。如果这些金额按照购买力平价完全转换为金马克，而且再加上5%的利息和1%的偿债基金，则她每年的债务额是14.8亿金马克。这就等于说，如果德国全部支付赔款，如果我们接受的德国出口增长是更为我们所偏爱的假设（b），那么，在当前的安排之下，法国至多可以希冀的净额，每年也不过9.1亿金马克（约合4 550万金镑）。而在修改的方案里，不仅可以取得更大的赔款额，也即每年10.8亿金马克（5 400万金镑）；而且，由于她在可以取得的德国资源上将拥有优先权，而且总的赔款额又在德国的支付能力之内，所以，有理由相信，她是可以确保得到支付的。

对于那些遭到战争摧毁的地区之完全恢复，我提议仅就那些实际造成的伤害做出公平的价值评估，这个提议把其他那些与此一最主要的索赔要求形成竞争的赔款要求一概摒弃。不过，撇开我的提议不说，有关这方面的观点也是众说纷纭，未曾有过定论，而且，抛开这个建议所带来的实际取得赔款支付可能性的增加，法国实际上也将会取得一个更大的赔款金额，如果全面按照现有协议的字面意思来实施，法国势必不能有这样的收获。

目前，**比利时**有权取得赔款收入的 8%，在伦敦和解方案中，这一比例可以使其在假设（a）下取得 2.8 亿金马克的年收入，在假设（b）下则可以每年得到 3.68 亿金马克。根据我们新的提议方案，比利时每年可以取得 1.8 亿金马克，其所失去的，只是可能的收入，而所得到的，则是确定可以拿到手中的。有关其现有的赔偿优先权，也应该予以调整，这可以通过比利时和法国相互之间达成的协议来完成。

意大利在收益上会有极大的改观，收获最大。在《伦敦和解方案》下，其有权得到赔款收入的 10%（其中包括一些从奥地利和保加利亚取得的赔款收入，而这块收入有没有还要另说）；也就是说，在假设（a）之下，意大利每年可以得到 3.26 亿金马克，在假设（b）下，每年可以得到 4.6 亿金马克。但是，这两个数额中无论哪一个都远低于其每年应该偿还的对英国和美国的债务，如果按照前面讨论法国情形时那样按照平价转换成金马克，意大利每年需偿还英美两国的债务高达 10 亿金马克之巨。

III. 对新国家的援助

在英国的赔款要求中，我曾留出 10 亿金马克来，这样做的目的不是要留给英国自己，而是说英国应该拿这笔钱去缓解两个新的国家所面临的财政问题，对于这两个新国家——即奥地利和波兰，英国是要承担一定的责任的。

奥地利面临的问题众所周知，也引来了广泛的同情。维也纳人不是为这样的人间悲剧天造地设的；整个世界都感受到了这幕惨剧，不会有哪一个人狠心到希望这座曾经诞生过莫扎特的地方罹此横祸。维也纳是衰落的辉煌之都，如今从谋求霸权的迷梦中醒来，终于可以自由地扮演四分之一的欧洲土地上商业和艺术之都的真正角色。两年以来，维也纳历经风雨，几多悲欢。现在，我认为虽然从外表上看奥地利的情况较之以前还要令人绝望，但是，只需要一点儿帮助，对奥地利来说就已经足够。没有军队，由于货币贬值，奥地利所欠的内债已经微不足道。帮助太多，可能会让其变成一个永远的乞丐；只需要稍加援手，就可以把奥地利从沮丧的情绪中拯救出来，使其面对的财政问题不至无可收拾之境。

那么，我的建议就是取消奥地利所欠的外国政府债务，这中间包括如今已经毫无意义的赔款债务，然后，从英国对德国保留的10亿金马克赔款要求中拿出一个相对比较小的份额给奥地利就可以了。根据需要，在5年时间里，奥地利在柏林可以自由处置的信用只要有3亿金马克可能就足够了。

对于其他的新生国家，取消所欠债务，匈牙利还要再取消其赔款债务，应该已经足够。当然，波兰是个例外。

波兰这个国家，大家一定都认为其可能也是一个问题。处理这一个非常不切实际的话题，并不容易找到可行的方案。对于波兰，其主要问题要交给时间去解决，要等待其邻居们逐步复苏。在这里，我只能处理对波兰来说可能最为急迫的问题，那就是重新树立起其通货制度来，然后就是建立起波兰与德国之间的和平交往。出于这一目的，剩下的这7亿金马克我要分配于波兰，其中每年的利息应无条件地给予波兰，但是资本这一块儿只应当用于重建货币体系，其条件是经过美国和英国批准才可以使用。

究其本质而言，这一方案是非常简单的。我认为，方案达到了我给欧洲每一个国家财政部部长留下一个可能予以解决的问题这个标准。剩下的事情必须得一步一步来，我可不会就详细的解决方案该如何制定给出一步到位的思考，从而加重本书在论证方面的负担。

谁会受损呢？ 即便从纸面上看——就更不要说实际当中了——每一个欧陆国家都能从中获得好处。但是，从纸面上看，美国和英国都是输家。她们各自又都放弃了些什么呢？

根据《伦敦和解方案》，英国有权取得赔款收入中的 22%，按照前述对德国出口的假设之不同，这个数额是每年 7.8 亿到 10.1 亿金马克不等（3 900 万金镑到 5 050 万金镑）。欧洲各国政府（包括俄罗斯，见附录 IX）欠英国 18 亿英镑，其中每年 6% 的利息和偿债基金也有 1.08 亿英镑之多。从纸面上看，英国总共每年将会放弃 1.5 亿英镑。而究其实，要想保证实现哪怕其中一部分的收入，机会之茫然，也渺不可求。大不列颠以商业立国，大部分英国人都会认同，通过谨慎的慷慨以继续保持商业上的均衡和欧洲的福祉，而获得的荣誉、声望以及财富，较之于试图从那些取得战争胜利的盟友或被其打败的敌人手中攫取那一份充满着仇恨和毁灭的贡奉，要多上不知多少倍。对于大部分英国人来说，这一点不言而明，无需多少劝说。

美国在纸面上放弃的总金额约为 65 亿美元，其 6% 的利息和偿债基金，每年也有 3.9 亿美元（7 800 万金镑）。但是，据我观之，美国实际上能够拿到这笔赔款的几率，也是微乎其微的，即便竭力追讨，也不会有多少改观。[1] 美国有可能在我提议的这个方案失去效力之前（因为我很有信心，美国最终会取消这些债务）表示接纳吗？

1　这个方案完全没有涉及英国对美国所欠的债务，这部分债务我没有加入到上述的数字中去。正确处理这一债务的问题（这一债务之所以与其他债务不同，主要是因为其利息实际上是可以用现金来收取的）还会关涉到其他我这里没有讨论的主题。上述取消债务的建议，只与那些欧陆国家政府所欠英国和美国的债务有关。

我曾和一些美国的人士探讨过这一问题,他们当中绝大部分都表示,从个人的角度他们是赞成取消欧洲的战争债务的,但是还会再附上一句话,他们的同胞大多数并不这样认为,因此给出这样的建议,即现在这还不能成为可以实施的政策。所以,他们认为,现在就来讨论取消欧洲战争债务还为时尚早;就当下而言,美国不妨假模假式地准备讨要欠款,欧洲也就不妨装模作样地准备偿还债款。实际上,这和1921年年中德国赔偿问题在英国的情况非常类似。毫无疑问,美国朋友们告诉我的这些有关公共舆论的看法,确实是对的;舆论自有其神秘的本性,与卢梭所谓的"共同意志"(General Will)[1]也许是一类事物。然而,这对于我来说并没有什么分别,无论他们告诉我的是些什么,我都觉得这并不重要。公共舆论坚持认为安徒生笔下的皇帝穿着一件妙不可言的衣服,为了面子,而在表面上装扮得冠冕堂皇;这在美国尤甚,那里的舆论有时候甚至会来个集体大转弯。

不错,如果公共舆论不可转变的话,那么讨论公共事务简直就是浪费时间了。尽管新闻记者和政治家的主要事业或许就在于确切把握公共舆论稍纵即逝的特征,但是,作为一个作家,所应关怀的则当是公共舆论应该是怎么样的。这本是老生常谈,我所以还要在这里提起来,是因为我看到很多美国人给出了他们的劝告,认为公共舆论碰不得,如果所给的建议对当下的公共舆论有所违拗,那简直就是离经叛道的行为。据此我猜测,这类行为如果发生在美国,人们会把它看成孟浪之举;这种举动立刻会被人疑心其中别有不正当的图谋,批评者对于肇事之人的个人品性和履历,会更进一步进行探察。

---

[1] 共同意志(General Will)是卢梭政治思想的核心概念,但是对于其意涵则历来众说纷纭,莫衷一是。——译者注

不过，还是让我们再略微深入一步，对潜伏在美国人对欧洲债务问题态度背后的那些观念和情感，再行深入了解一下。他们是想对欧洲宽大为怀的，这既是出于善意的情怀，也是因为他们当中很多人现在也认为，如若不然则会危及他们自己的经济均衡状态。但是，他们却又不想"任人摆布"。他们不想被世人认为，欧洲的这些老奸巨猾之辈再一次将他们玩弄于股掌之间。再者说，时机也不凑巧，税负压得很重，美国的很多地区目前并不觉得自己就富足到了可以把这笔可能到手的钱财轻易放弃的地步。除此之外，有关曾共同对敌的各国之间的债务，与个人之间普通的商业贸易往来颇为相类，对于这种比拟，他们要比我们看得更加真切。他们会这样说，这就好像银行给客户贷出了一笔没有担保的贷款，贷出时那个客户极度危困，若无此救援，难免陷入破产境地，而事后向他索偿时，他却又大呼小叫，怨怼不已。若然纵容此种行为，则势必会对正当商业的基本原则造成损害。

以我度之，作为一个普通的美国人，他或许希望看到的是这种景象：那些欧洲国家手里拿着钱，眼睛里一派可怜巴巴的哀怜之色，走到他面前说："亲爱的美国人，全都亏了您，我们才有了自由，有了生命。现在，我们怀着无限的感激之情，尽我等之力把所能办得到的这一点钱奉上，请您务必收回。这不是从孤儿寡妇那里强征来的税收，这都是从裁减军备、消除专制、内讧和军国主义当中节省出来的上好的胜利果实，都是拜您无私的援助之后才有实现可能的果实。"然后，作为一个普通的美国人，他会这样回答："我为你们的诚实守信感到骄傲。这正是我所预料的结果。而我所以参战，绝不是为了贪图私利，我的钱也不是拿出来做投资的。适才你们所言，已使我感到所获颇丰，心满意足。这些债务就不必再提了。把这些钱仍旧带回家去，用我给你们的资源去帮助那些穷苦、不幸的人去吧。"而这小小一幕活剧还将会有一个精彩的场面，也是这幕活剧的一个主要部分,那就是他的回答未曾想竟是对方完全不曾料到的结果,回答结束之际,伴随着的是对方目瞪口呆、惊诧莫名之状。

呜呼,这是一个多么让人感到痛心的万恶世界! 在国际事务当中,我们无法确保所有人都喜欢的那种情感上的满足一定会实现。因为只有个人才可能是善良之辈,而所有的国家都是惯于欺诈、残酷无情而又老谋深算的。(例如)在决定意大利是否一定要偿还其所欠债务上,美国人必须考虑试图让意大利偿还这笔债务的后果——就自我利益的角度言之,考虑的是美国和意大利之间的经济均衡问题;就慷慨大度的角度言之,考虑的则是意大利的农民和他们的生活问题。那些总理们、首相们会叮嘱他们的私人秘书,要适当地措辞,帮他们拟定电报文稿,赞誉美国在这一紧要关头的行为,乃是为世界历史书写下了至关重要的篇章,美国人是最高贵的人类,如此等等。而美国人也一定不要希望对方会真的怀着诚挚而发自内心的感激之情来说这些话。

不过,由于时间日益紧迫,我们不能把希望尽皆寄托在美国的援手上,只要有其必要,我们就必须得考虑没有美国的帮助如何来完成这些任务。如果美国人不愿意参与到和约修正和重订的会议中来,英国应该预备好尽自己的职责,取消纸面上的赔款要求,而不用再去考虑美国是否采取同样的行动。

接下来,对于我所给出的计划,简洁地表述如下,对于其中的要点,略加强调。(1) 英国(如果有其可能,也包括美国)取消欧洲各国政府欠她的所有债务,放弃对德国赔款的所有权利;(2) 德国每年支付12.6亿金马克 (6 300万金镑),共计30年,另外留出10亿金马克,以援助波兰和奥地利;(3) 每年的收入中,10.8亿金马克归法国,1.8亿归比利时。

这样的解决方案是公正、明智而长久的。如果法国打算拒之不受,那么,事实上她就是在牺牲自己的实际利益。虽然表面上来看英国似乎放弃了不少好处，但它也是符合英国的自我利益的。现今英国的公共舆论虽然已经发生了深刻的变化，但如果说英国将一无所获，仍然很难得到认同。不过，顾全大局的做法，是一个聪明的民族所能做的最为明智之举，现在这个解决方案正是这样的明智之举。当然，我也未曾忽略其他那些可能的处置方案，对于这类方案可能使英国自身有所得或似乎将有所得的情况，我都细心地进行过思量。比如说，在伦敦和解方案下，为满足其赔款要求，英国可以持有一些 C 类债券，这类债券的优先权顺位排在第三，次于 A 和 B 两类债券，这个方案可以让英国取得一些名义上的收入，但是实际上这些债券分文不值。英国可以在协议中讲明，英国的货物进入德国免收关税，以此取代对德国关税收入的索赔份额。英国可以谋求对德国工业的部分控制，或者取得未来俄国开放时德国的组织提供的便利条件。诸如此类的计划对于聪明的头脑来说是富有吸引力的，不会马上就被弃之一旁。不过，我更喜欢简单的方案，我相信，所有这些处置方案于真正的智慧而言都是相悖的。

在有些地区，存在着这样一种倾向，该倾向坚持认为，英美两国若要对法国就赔款和协约国内部债务做出任何的让步，都应要求法国采纳对世界其他国家更加和平的政策，而不能再像她自己原来的那种姿态那样。我希望法国在裁减军备和海军设施的建议方面放弃她一贯坚持的反对立场。试想，如果法国的邻国或出于自愿或出于不得已而裁军，法国却继续征募军队，对于法国的青年来说，这又是何等的不利！ 不知道法国是否认识到，要维持英国与**任何**一个实施大规模潜艇计划的邻国之友谊，是绝对没有其可能性存在的。我也希望，法国能够放弃她在中欧的那种危险的野心，把自己的扩张之心严格限制在近东地区；因为这两个方面法国所秉持的理念，其基础毫无价值可言，也不会给她带来任何好处。在我们可以预见的将来，法国对德国没什么可怕的，除非法国自己出于幻觉而制造了一种假象。如果时间允许，德国重振雄风，重拾旧日荣光的那一天是会到来的。但是，在德国能够重新把目光西向之前，尚还需要经过许多年头才行。如今，德国的未来在于东方，她的希冀和雄心，在她复苏之际，要往东方这个方向上发展才有实现的可能。

128　　眼下，法国手握良机，可以用来巩固法国的地位，把自己变为世界上最稳定、最安全、最富庶的国家；独立，自足；人口繁盛而不拥挤；把法国那独有的灿烂文明发扬光大。既不要以战争摧毁之区而苦苦地向众人哀诉——这些地区很容易就可以得到修复，也不要夸耀自己的军事霸权如何强大——这样的军事霸权很快就可以将法国毁灭，法国要昂首挺胸，担负起渴望和平的人们内心当中欧洲的领导者和霸主的角色来。

虽然如此，要想通过讨价还价来达成这些目标，从外部强加于法国，仍然是不可能的。因此，在赔款和解方案中，一定不能把这些目标给拖进来。这个和解方案只能给法国提一个要求，那就是除了接受，别无他途。不过，如果法国真的像夏洛克那样，一定要求要回他那一磅肉，那么，我们只能交给神圣的法律来判定结果了。[1]我们让法国照约实行，而

1　莎士比亚在《威尼斯商人》中非常成功地塑造了夏洛克这个贪婪、阴险、凶残的吝啬鬼形象。夏洛克作为一名高利贷者，为了达到赚更多钱的目的，在威尼斯法庭上，他凶相毕露，"我向他要求的这一磅肉，是我出了很大的代价买来的，它是属于我的，我一定要把它拿到手里。"像一切吝啬鬼一样，贪婪是其共性。夏洛克之所以拒绝两倍乃至三倍借款的还款，而坚持按约从商人安东尼奥的胸口割下一磅肉，是因为安东尼奥借钱给人时不收利息，影响了夏洛克的高利贷行业，所以他要借机报复，致安东尼奥于死地，好使自己的高利贷行业畅行无阻，从而聚敛更多的财富。夏洛克作为典型的吝啬鬼形象，其个性是阴险凶残，当法庭调解让借款人安东尼奥出两倍甚至三倍的钱偿还他时，夏洛克险恶地说："即使这六千块钱中间的每一块钱都可以分作六份，每一份都可以变成一块钱，我也不要它们，我只要照约处罚。"说着便在自己的鞋口上磨刀，时刻准备从安东尼奥胸口上割下一磅肉，凶残地致安东尼奥于死地，而且一味固执，没有丝毫的同情怜悯。这就是夏洛克不同于其他吝啬鬼的个性。凯恩斯拿夏洛克的形象来譬喻法国，实在是惟妙惟肖。——译者注

我们也照约实行。让法国去获取她能从德国手中攫到的，同时也要归还她欠下的美国和英国的债款。

引起争论的最主要问题，可能是每年让德国支付 6 300 万金镑是否足够。我承认，再让德国付出得多一些，可能也不会超出她的支付能力。但是，我还是建议目前给出的这个数字，这一方面是因为这个数字已经足以恢复战争对法国造成的损害，另一方面则是因为这个数字可以给德国喘息之机，我们不仅要让德国能够偿付得起，还要细水长流，不至于让德国每年承受不起春秋两季的赔款支付。我们要把赔款总额确定在这样的水平上，它既不会被德国认为不够公平，同时又完全在其支付能力以内，给德国留出工作的动力，愿意完成这样的赔付。

假设我们知道了德国在生产以及向国外销售剩余产品上的最大能力，或者无论德国的剩余会有多少，我们都可以年复一年按比例地吸收一尽；我们这样去盘剥德国，是否称得上明智呢？把刀架在德国的脖颈——如果我们采取上面的做法，就不得不这样做——之上，从中攫取一笔赔偿金，让德国承担如此之沉重的负担，以至于她绝不会出于自愿偿还我们，而且我们还要一直坚持这般作为，直到《凡尔赛和约》的所有制定者皆已长眠，埋进了他们本国的英烈祠，[1] 如此这般，既不仁慈，也不智慧。

我所给出的建议方案，虽然与其他方案相比可能显得温和，但即便如此，带给德国的也是一副非常沉重的负担。这些建议给法国带来的是巨大的收益。我想，法国人受宣传之累，一直以来画饼充饥，厌倦之余，看到这样的实在方案，很难不产生不胜惊喜和痛快淋漓之感。他们细思

1　原文为 Valhalla，即瓦尔哈拉殿堂，北欧神话中主神兼死亡之神奥丁接待英灵的殿堂。——译者注

一二，就会认识到我的方案将会带给他们多么庞大的一笔财政收入呀！外债尽去，30年中他们还将取得一笔接近法兰西银行如今握有的黄金储备总价值的巨款；在设定的时期结束之时，德国付出的赔款，将10倍于其1870年之后的所得。

  英国人会为此怨詈不已吗？ 他们真的全是输家吗？ 不可通约的各项，我们是无法在资产负债表中相加的。而和平相处、睦邻友好，可能会普降欧洲。要取得这样的结果，所要求英国唯一去做的（到了现在，我猜想她骨子里早已对此心知肚明），就是放弃一些她可能永远也无法得到的东西。如若不然，我们和美国只能在令人深恶痛绝的一般国际事务中，与他们一同尔虞我诈，去谋取我们的那份赔款。

附录文件

附录 I.《斯帕协议》,1920 年 7 月

(A)各协约国之间关于赔款分配的协议之梗概[1],此协议签署者有英帝国、法国、意大利、日本、比利时和葡萄牙

第一款规定:依照《凡尔赛和约》,从德国取得的赔款总额应以下面的比例进行分配:

表 1

法 国	52%
英帝国	22%
意大利	10%
比利时	8%
日本和葡萄牙	各得 1.75%

余下的6.5%留给塞尔维亚-克罗地亚-斯洛文尼亚、希腊、罗马尼亚,以及其他没有签署协议的国家。

第二款规定:从奥匈帝国和保加利亚取得的赔款总额,再加上属于前奥匈帝国而今脱离其辖制的地区所得到的款项,应该按照下述比例

---

[1] 下面给出的是彼时官方发布的梗概。该协议的全部文本尚未发行。

分配：

(a) 其中一半，按照第一款中提到的比例进行分配。

(b) 另外一半，意大利取得其中的 40%，另外 60% 留给希腊、罗马尼亚和塞尔维亚-克罗地亚-斯洛文尼亚和其他有权取得赔款却又没有在协议上签字的国家。

第三款规定：如有必要，协约国政府应该采取措施，帮助德国取得那些预留给德国以备国内之需的贷款，及时免除德国所欠协约国的债务。

第四款详细处理的是赔款委员会账户之间的协调问题。

第五款确保比利时享有 1 亿金镑的优先权，列举了受此优先权影响的有价证券。[1]

第六款所涉的是不同条约规定下交付的船只之估价，对于雇佣这些船只所得到的资金也规定了分配之法。它还处理了那些关于比利时战利品法院所做的决议中未予解决的问题。比利时从其他协约国的赔款份额中获得补偿。

第七款适用于协约国巡洋舰、浮动船坞以及在 1920 年 1 月 10 日草案中交付的物资，作为对德国沉没的战舰之补偿。

第八款称，这个草案同样也应适用于巴黎和约的海军条款下交付的战争物资及船只售卖之收益，实际上这其中也包含赔款委员会卖出的海战物资之收益。

第九款赋予了意大利对某些特定款项的绝对优先权，以此抵消其本应从奥匈帝国和保加利亚所得到的金额。

---

[1] 其中最为我们所知的就是关于石勒苏益格的那 1 亿丹麦克朗，还有卢森堡对煤炭需求的那些数额，有关在巴西的港口扣留的德国船只可以取得的余额，以及根据处于美国境内的德国资产之可以取得的余额。

第十款保留了波兰的权利,并称这一协议不适用于波兰。

第十一款维护了在 1918 年 11 月 11 日之前借钱给比利时的那些国家的权利,在满足比利时 1 亿英镑的优先要求权之后,比利时须立即为之后的还款做好准备。

第十二款维护了协约国出于救济之目的,对于授予前敌对国之信贷应予索还的权利。

第十三款保留了为与美国进行商讨,而在一致的基础上确定在德国驻军的军费开支问题。

(B) 就煤炭的供给问题协约国对德国所做的说明

1. 德国政府承诺,从 1920 年 8 月 1 日开始的六个月时间里,每月交付协约国 200 万吨煤炭,这个数字已经得到赔款委员会批准。

2. 只要这些煤炭通过铁路或内河航运交付,协约国政府就将这些煤炭的价值记入赔款账户,按照《凡尔赛和约》第 VIII 部分附记 V 第 6 (A) 段规定的德国国内价格进行计价。此外,考虑到协约国就提供给它们的煤炭种类和质量有自我规定之权利,取得这些供给物资的一方须以现金形式支付 5 金马克的溢价费用,用于德国矿工们购买食品之用。

3. 在上文规定的煤炭供应期间,1920 年 7 月 11 日《控制草案》(the draft Control Protocol) 第二部分中的第 2、3 和 4 段之条文,应以有关于此的附记之修订形式而立即实施。

4. 应即刻在协约国之间达成协议,由有德国代表参与其中的委员会对上西里西亚的煤炭进行分配。此协议应该交由赔款委员会批准。

5. 这个有德国人参与其中的委员会应即刻在埃森市 (Essen) 召开会议。会议的目的应是寻找适当的方式,改善矿工们在食品和衣物方面的生活条件,为的是能够确保更好地开展采矿工作。

6. 协约国政府宣布,他们已经准备好借款给德国,其金额等同于在前文第二段规定的支付价格与德国煤炭在德国港口的出口价格（船上交易价格，即 FOB）之间，或者与在英国港口的英国出口价格之间的差额，两种价格取其较低者，按照《凡尔赛和约》第 III 部分附记 V 第 6（B）段取定。这些借款应与《凡尔赛和约》的第 235 款和第 251 款相一致。对协约国关于德国的赔款要求，这些借款享有绝对的优先权。借款于每个月月底支出，与同一时期煤炭的平均 FOB 价格和交付的吨数保持一致。在暂时无从确定确切数值的时候，先付的借款应由协约国在第一个月的月底支付。

7. 如果到 1920 年 11 月 15 日查明，1920 年 8 月、9 月和 10 月的总交付量尚未达到 600 万吨，协约国将继续占领更多的德国国土，包括鲁尔和其他地区。

附　记

1. 赔款委员会的常设代表团应驻于柏林，其任务即通过以下方式来达成：按照 1920 年 7 月 15 日的协议规定需交付给协约国的煤炭要完成交付：一方面是制定有关产出的总体分配方案，就来源及种类详加罗列；另一方面，确保交付给协约国的顺序不乱。这些方案和计划都由相关的德国权威机构制定，并由这些机构在将这些方案和计划分派至具体负责的实体机构予以执行前提交给上述代表团以求批准。

2. 未经驻守柏林的赔款委员会代表团批准，对于上述可能包含减免其对协约国移交物资之数量的方案，不得修改而付诸实施。

3. 德国政府必须定期向赔款委员会报告各级部门对交付协约国物资的执行情况。在这一过程中若出现违背基本原则之处，赔款委员会当告知相关利益方。

附录 II. 1921 年 1 月 29 日的《巴黎决议》[1]

1. 为了完成《凡尔赛和约》第 231 款和 232 款定下的债务，除了必须按照第 238 款和条约的其他债务规定必须偿还之外，德国还要支付以下各项：

(1) 固定年金，可以在每六个月结束之际均等地进行分期付款：

(a) 20 亿金马克的年金两次（1921 年 5 月 1 日至 1923 年 5 月 1 日）。

(b) 30 亿金马克的年金三次（1923 年 5 月 1 日至 1926 年 5 月 1 日）。

(c) 40 亿金马克的年金三次（1926 年 5 月 1 日至 1929 年 5 月 1 日）。

(d) 50 亿金马克的年金三次（1929 年 5 月 1 日至 1932 年 5 月 1 日）。

(e) 60 亿金马克的年金三十一次（1932 年 5 月 1 日至 1963 年 5 月 1 日）。

(2) 估计从 1921 年 5 月 1 日开始，42 年的年金相当于对德国出口品的总值课以 12% 的关税，在每次六个月为期的时间段结束之后两个月内以黄金交付。

为了确保上述第（2）条能够得到彻底地贯彻实施，德国应为赔款委员会提供一切可能之便利，以便委员会能够对出口物资之数量予以核实，并进行必要的监督。

---

[1] 就我所知，有关这些决议尚未有完备的官方文本用英文发表。上述内容转译自法文文本。

2. 德国政府应立即向赔款委员会持票人交付到期日由当前方案的第1(1)条中规定的债券,其数量与六个月期每次的分期付款额度相等。如果这些国家需要,则可本着方便之目的,把这些指示交予各国。这些国家所占比例的变化将按照它们彼此达成的协议之规定来确定。

3. 德国在任何时候都有权预先知道其债务的固定比例。

德国预计所做的支付,应根据前述第1(1)条规定的固定年金之减少而定,到1923年5月1日贴现率为8%,从1923年5月1日到1925年5月1日贴现率为6%,1925年5月1日后为5%。

4. 在未经赔款委员会批准的情况下,德国不得在国外直接或间接地从事任何信贷业务。这条限令适用于德意志帝国的政府、埃斯库多德意志各省市当局,也适用于这里列出的各个政府及地方当局控制的公司或企业。

5. 按照《凡尔赛和约》第248款,德意志帝国及其原属国的所有资产和收入均完全由这一方案中关于德国的条款所指定的担保人来持有。

德国海关的收入,无论陆地还是海上,尤其是所有进出口关税以及一切附加税收入,对于当前协议的实施,无疑是一份特殊的保证。

不经赔款委员会批准的有关德国海关的立法和管制条例、任何会引起海关收入减少的修改,均不得通过。

全部海关收入应由德国海关总接收人将之归入德国政府账户的贷方,该接收人由德国政府提名,并须得到赔款委员会的首肯。

倘若德国无法满足当前方案所设定的赔款支付条件:

(1) 德国海关的全部或部分收入应由赔款委员会直接从德国海

关总接收人手中接管过来，并把这些收入用于对德国未履行债务的清偿。在这件事上，如果赔款委员会认为有其必要，它应直接担负起海关管理和收取海关收入之责。

(2) 此外，在认为确有必要的情况下，赔款委员会有权要求德国政府征收更高的关税，或者采取其他措施开源。

(3) 如果这一命令没有起到作用，那么，该委员会有权宣布德国政府违约，并把这种情况通报给协约国及相关国家的政府，采取它们认为合理的措施进行干预。

(签名) 亨瑞·贾斯帕 (Henri Jaspar)

D. 劳合·乔治

阿里斯泰德·白里安

C. 斯佛扎 (C. Sforza)

K. 伊什 (M. Ishii)

1921 年 1 月 29 日于巴黎　135

附录 III. 赔款委员会于 1921 年 2 月 23 日发布的各协约国提交给赔款委员会的索赔要求[1]

法国

i. 对财产造成的损失（重置价值）

表 2　　　　　　　　　　　　　　　单位：纸币法郎

工业损失	38 882 521 479
对建筑物造成的损失	36 892 500 000
对家具和器具造成的损失	25 119 500 000
对土地造成的损失	21 671 546 225

1　该委员会同时还发布了一则警示信息，表示它尚未接受这些要求，但会对这些要求进行检核。

（续表）

对国家财产造成的损失	1 958 217 193
对公共设施造成的损失	2 583 299 425
其他损失	2 359 865 000
船只损失	5 009 618 722
阿尔及利亚和法国殖民地蒙受的损失	10 710 000
在国外蒙受的损失	2 094 825 000
以整数表示的关于本金的5%利息（1918年11月11日到1921年5月1日，大约30个月，以整数计算，共330亿法郎）	4 125 000 000

ii. 对个人伤害的赔偿

表3　　　　　　　　　　　　　　　　　　单位：纸币法郎

军人退休金	60 045 696 000
战争动员人员家庭的津贴	12 936 956 824
给予战争造成的平民受害者及其家属的抚恤金	514 465 000
战争对平民及战俘的虐待之补偿	1 869 230 000
给予战俘的援助金	976 906 000
薪水与工资的弥补	223 123 313
就德国对平民收取的苛捐杂税之补偿	1 267 615 939
法国总的索赔要求	218 541 596 120

表4　英国

	单位：英镑	单位：法郎
财产损失	7 936 456	
船只损失	763 000 000	
国外损失	24 940 559	
内河与运河船运损失	4 000 000	
军人退休金	1 706 800 000	
战争动员人员家庭的津贴		7 597 832 086
给予战争造成的平民受害者的抚恤金	35 915 579	
就战争对平民及战俘的虐待之补偿	95 746	
给予战俘的援助金	12 663	
薪水与工资的弥补	6 372	
英国总的索赔要求	2 542 707 375	7 597 832 086

表5　意大利

财产损失	20 933 547 500 里拉
船只损失	128 000 000 英镑
军人退休金	31 041 000 000 法郎
战争动员人员家庭的津贴	6 885 130 395 法郎
给予战争造成的平民受害者和战俘的抚恤金	12 153 289 000 里拉
总计	33 086 836 000 里拉
总计	37 926 130 395 法郎
总计	128 000 000 英镑

表6 比利时

财产损失（现值）	29 773 939 099 比利时法郎
船只损失	180 708 250 比利时法郎
军人退休金	1 637 285 512 法国法郎
战争动员人员家庭的津贴	737 930 484 法国法郎
给予战争造成的平民受害者和战俘的抚恤金	4 295 998 454 比利时法郎
总计	34 254 645 893 比利时法郎
总计	2 375 215 996 法国法郎

其他国家的赔款要求概括如下：

表7

日本	297 593 000 日元	船只损失
	454 063 000 日元	战争动员人员家庭的津贴
	832 774 000 日元	总计
南斯拉夫	8 496 091 000 第纳尔	财产损失
	19 219 700 112 法郎	对个人伤害的赔偿
罗马尼亚	9 734 015 287 金法郎	财产损失
	9 296 663 076 金法郎	军人退休金
	11 652 009 978 金法郎	给予战争造成的平民受害者和战俘的抚恤金
	31 099 400 188 金法郎	总计
葡萄牙	1 944 261 埃斯库多[1]（其中财产损失为 1 574 907 埃斯库多）	
希腊	4 992 788 739 金法郎（其中财产损失为 1 883 181 542 法郎）	
巴西	1 216 714 英镑（船只 1 189 144 英镑），再加上 598 405 法郎	
捷克斯洛伐克	6 944 228 296 法郎以及 5 614 947 990 克朗（战争损失）	
	618 204 007 法郎以及 1 448 169 845 克朗（布尔什维克入侵）	
	总计分别为：7 612 432 103 法郎以及 7 063 117 135 克朗	
泰国	9 179 298 金马克，加上 1 169 821 法郎	
玻利维亚	16 000 英镑	
秘鲁	56 236 英镑，加上 107 389 法郎	
海地	80 000 美元，加上 532 593 法郎	
古巴	801 135 美元	
利比里亚	3 977 135 美元	
波兰	21 913 269 740 金法郎，加上 500 000 000 金马克	
欧洲多瑙河委员会	1 834 800 金法郎，15 048 法国法郎以及 488 051 列伊[2]	

1　葡萄牙货币单位。——译者注

2　即罗马尼亚货币单位，lei。——译者注

附录 IV. 1921 年 3 月 1 日第一次伦敦最后通牒

下面的公告是劳合·乔治先生代表英国和协约国政府,向西蒙斯博士口头传达的:

协约国已就整个局势进行了磋商,现在,我得到授权,代表协约国政府做如下严正声明:

《凡尔赛和约》在不到两年前即得到了签署。而德国政府在这一和约最重要的以下条款上均未履行:把那些违反了战争法的战争罪犯交出并审判、裁减军备、以现金或实物支付 200 亿金马克(约合 10 亿英镑)。这只是其中的一些条款。协约国对于契约也并没有按照字面的规定要求不折不扣地严格执行;但即便是这样,德国政府也还是一次又一次地违约。

虽然有《凡尔赛和约》以及德国政府在斯帕做出的令人钦敬的承诺,但是,战争罪犯依然没有得到审判,更不要说受到惩罚了,而证据早已搜集完备,交到德国政府手中已经长达数月有余。德国境内突然涌现出了多个军事组织,有些是公开成立的,有些则是暗中秘密进行的,这些组织的武装本应早就该交出来的。对于赔款,如果德国政府抱持着诚恳的愿望,希望帮助协约国修复它们所蒙受的战争创伤,要知道,这些可怕的损害乃是由犯下罪行的德意志皇帝治下政府的侵略行为造成的,那么,我们还是会本着宽大为怀的精神,像以前一样,对德国遇到的真正困难予以充分的考虑。但是,德国所提出的建议却让协约国政府不得不认为,要么是德国政府并不真心打算履行和约义务,要么就是这个政府出于自私和短视,没有能力去完成已经做出承诺的那些必要的贡奉。

如果原因在于德国的舆论不允许它这样做,这种局面将会使得事态进一步恶化，这就使协约国认为，愈发有必要让那些公共舆论的领袖再一次面对现实。对于这些人来说，最需要认识的现实就是——协约国虽然打算倾听基于德国面对的困难情况而提出的任何合理的恳求，但是却再也不会放任德国继续对条约敷衍了事。

最后通牒

因此，考虑到德国之前的种种违约行为、德国在其提议中体现出来的仍然在蔑视和曲解条约的迹象，以及不只是在这些提议中而且在德国政府对国内所发布的官方声明里的挑衅，我们决定，一旦认定德国政府不只是不履约，而且是在故意地不去履约，就一定要采取行动；除非在周一之前，我们能够听到这样的消息：德国要么打算接受巴黎决议，要么提交一份能够以其他方式让协约国感到满意，而可以免除《凡尔赛和约》规定的义务（要受巴黎提议方案中所做的让步之约束）之报告，否则的话，从周一开始，我们将在《凡尔赛和约》的框架内，采取以下行动。

协约国一致同意：

（1）占领位于莱茵河右岸的杜伊斯堡、鲁尔和杜塞尔多夫等城市。

（2）从各国的议会获得权力，要求其国民对德国商品所做的全部支付中应归于德国的部分，拿出一定的比例付给他们的政府，把这个比例的支付收入留存在赔款账户之内。（这些商品要么是在德国国内购买，要么是其他协约国从德国购买。）

（3）（a）德国海关在占领区以外的边境上收取的关税收入，须交给赔款委员会。

（b）这些关税照常按照德国的关税税率进行征收。

（c）沿莱茵河以及协约国军队占领区边界，应临时建立一系列海关；在这些海关所征收的进出口货物关税，须由莱茵河边界协约国最高委员会按照各协约国政府的指示来确定。

附录Ⅴ. 1921年4月24日递送给美国的德国人的驳议

根据4月22日的记录，美国政府以愉快的方式表示它已经收到文件，在某种解决方案强制实施之前，美国政府开启了再次通过谈判来解决赔款问题的可能性。德国政府对此举的重要性完全认同，并表示乐见其成。在下面的驳议中，他们力图表明，根据德国经济所能承受的极限，即便在以下方面得到了最希望出现的发展，按照他们的确信，他们给出的也已经是最大数字：

1. 德国表示，他们接受500亿金马克（现值）的赔款总额。德国也打算以年金的形式支付这一数额，根据德国的经济能力进行具体调整，最后总的名义值为2000亿金马克。德国提议将以以下方式来担负起动员之责：

2. 德国立即筹集一笔国际贷款，其数量、利率以及分期偿还的额度，各方协商同意后确定。为了确保取得最大可能的成功，德国将参与到这项贷款及其合同条款的确定中来，其愿意做出一些特别的让步，一般来说这些方面的让步应尽可能地对协议国有利。此项贷款之收益交由协约国处理。

3. 对于这笔国际贷款未能偿还而造成的那些德国债务，德国准备根据其经济能力，量力而行，支付利息和分期偿付。在当前的环境下，德国所能考虑的最高利率是4%。

4. 德国希望协约国能够考虑到改善其经济和财政处境。出于这一目的，分期付款的额度应该可以随情况调整变化。假如处境改善，额度可以提高，如果情况是朝着相反的方向发展，则应该相应地降低额度。为了对这类变化进行管制，德国将会制定一个指数方案。

5. 为了加速偿还赔款余额，德国将会尽全力帮助重建被战争破坏地区。德国视重建工作是赔款事务中的重中之重，因为这乃是减轻由于战争而导致的仇恨和悲惨之状的最有效途径。德国自己也准备好直接参与对城市、乡村的重建工作，或者以出工、出物资和其他资源等协约国所希望的方式帮助进行重建。这些劳工和物资的费用由德国支付。（有关于此的全部细节皆已向赔款委员会汇报。）

6. 除了重建工作之外，同样为了加速偿还赔款余额，减轻战争导致的仇恨和悲惨之状，德国还准备向相关国家供应其他的物资，并在纯粹的商业基础上为它们提供力所能及的其他服务。

7. 为了表明她愿意尽快且以一种正确的方式支付赔款的心迹，德国准备以下列方式立即把10亿金马克交由赔款委员会处置：第一，1.5亿金马克的黄金、白银和外国证券；其次，8.5亿金马克的国库券，此国库券在不超过三个月的时间内用外国证券和其他国外财产来赎回。

8. 如果美国和协约国愿意，德国准备更进一步，在其经济能力许可的情况下，承担协约国所欠美国的部分债务。

9. 关于德国在赔款方面的支出应该如何计入其总的债务当中，德国提议应由专家委员会确定价格和价值。

10. 德国准备通过一切可能的方式来确保贷款预定者的利益，某种程度上可以通过安排转让公共财产或公共收入的方式来达成。

11. 接纳了这些建议，则所有其他德国的赔款债务都会取消，德国人的海外资产也可以获得解冻。

12. 德国认为，如果这套制裁体系能够马上得到废除，如果目前德国生产的基础不被进一步地削弱,而且如果德意志民族重新被这个世界的商业所接纳,从而摆脱所有的非正常支出,惟其如此,德国的那些提议才能得到实现。

这些提议证明了在尽其经济能力之限度的情况下,德国有着坚决的意志,要对战争造成的损害进行充分的补偿。所提出的赔款数量以及支付模式,均取决于德国的这种经济能力。而对于这种经济能力,协约国与德国存在着不同的看法,有鉴于此,德国政府建议,这些应该由利益相关的各个政府所认可的专家委员会来判定。德国先表了个态,对于这个委员会的任何决议,她均接受,不持异议。如果美国政府认为,赋予这些提议以另外的形式会更加有助于协商,而且如果大家能对美国认为的值得期待的改变有所关注,那么,德国政府将感激不尽。德国政府也欢迎美国政府有所打算的任何其他的可能提议。

德国政府非常坚定地相信,我们这个世界的和平和福祉,取决于对赔款问题的迅速、正确而公平的解决,而不在于竭力让美国处在一个重要的居间调停者的地位上,只是使这些建议能够引起协约国政府的关注而已。

1921 年 4 月 24 日于柏林

附录 VI. 1921 年 4 月 30 日赔款委员会发布的评估结果

赔款委员会履行《凡尔赛和约》第 233 款之规定义务,已经得出一个一致的决议,将赔款总额定为 1 320 亿金马克,这一金额是根据上述条约第 232(2)款以及其附记 I 的第 VIII 部分所规定的赔款义务得出。

在确定这一数字方面,委员会对赔款总额中所包含的第 238 款要求履行的赔偿,做了必要的扣减,从而使得德国得以从这些赔偿责任解脱出来。

委员会没有在上述数字中囊括全部的债务，像这类债务中就包括"截至1918年11月11日比利时从协约国和相关的政府借入的所有金额，还要算上这笔金额每年5%的利息"，根据条约第232（3）款，这些也要添在德国的头上。

附录VII. 1921年5月5日第二次伦敦最后通牒

协约国政府注意到，自《凡尔赛和约》签署以来，虽然协约国一方不断地做出让步，尽管在斯帕和巴黎各国一致认为要警告和制裁，同样，在伦敦宣布制裁并实施之后，德国政府依然故我，在《凡尔赛和约》的以下条款上，对自己理所应当承当起职责的义务，始终无法履行。这些条款包括：（1）裁军；（2）根据条约第235款约定应于1921年5月1日到期的债务，在这个到期日，赔款委员会已经敦促德国履行义务；（3）根据1920年2月13日和5月7日的协约国照会进一步提出的要求，审判战争罪犯；（4）还有其他的某些方面，其中值得关注的有第264—267款、第269、273、321、322和327款。鉴于以上的情况，协约国决定：

(a) 立即采取一些基本的手段，如根据照会（d）段规定的应急情况，要求驻扎在莱茵河地区的协约国军队占领鲁尔河谷。

(b) 根据条约第233款，就德国政府应当承担的全部债务之保证和免除，邀请赔款委员会对德国做出时间和方式上的规定，至迟到5月6日就此向德国宣布其决议。

(c) 要求德国政府在收到上述决议后六日内直接宣布其决定：（1）无条件或毫无保留地执行赔款委员会规定的债务；（2）无条件或毫无保留地就赔款委员会规定的那些债务接受担保；（3）毫无保

留或不得延迟执行协约国在 1921 年 1 月 29 日照会中通告德国的有关海陆空三军的裁军政策，有些已经过了要求期限的应立即执行，尚未到规定日期的按照规定日期办理；(4) 毫无保留或不得延迟对战争罪犯的审判，以及实施在本照会第一段中列示的条约之其他未予执行的部分。

(d) 如果德国政府到 5 月 12 日仍然未能满足以上条件，则协约国军队继续占领鲁尔河谷，在有必要的情况不排除采取其他军事措施的可能性。只要德国一天不能满足上述（c）中给出的条件，协约国即一天不会撤军。

(签字) 亨瑞·贾斯帕

A. 白里安

D. 劳合·乔治

C. 斯佛扎

林（Hayashi）

根据《凡尔赛和约》第 231 款、232 款和第 233 款，规定德国确保或免除其全部赔款义务的时间与方式的支付计划

按照《凡尔赛和约》的第 233 款，赔款委员会须确定根据《凡尔赛和约》第 231 款、232 款和 233 款规定了德国确保或免除其全部赔款义务的时间与方式，具体如下。

这一决定对于根据第 238 款德国应予赔偿之责任，或者条约规定的其他义务并无抵触。

1. 德国将按照这一计划列出的方式履行其义务，按照条约第 231 款、第 232 款和 233 款之规定，支付赔款委员会确定的总赔款额——亦即 1 320 亿金马克（合 66 亿英镑），再减去：(a) 已经在赔款账户中支出的部分；(b) 就被割让领土上的财产等而可能不时授予给德国的信用金额；(c) 在其他敌对国或前敌对国得到的款项中赔款委员会认为应该给予德国的信用额，加上比利时所欠的协约国的债务，这类扣减和增添之数量稍后由赔款委员会决定。

2. 德国应发行下面规定的这些债券，并把它们交付给赔款委员会，用来取代根据《凡尔赛和约》第 VIII（赔款）部分附件 2 的第 12 段（c）而应交付或已交付的债券。

（A）债券，数量有 120 亿金马克（合 6 亿英镑）。这些债券最迟应于 1921 年 7 月 1 日前发行并交付。如本协议所规定的那样，协约国应可从德国提供的基金中每年取得一笔收入，每一年都从 5 月 1 日算起，这笔收入与所发行的债券之名义值的 6% 相等，其中每年应付的利息率为 5%，未结算的债券半年一付，偿债基金的余额用于每年按票面价值赎回这些债券。后面把这些债券称为（A）系列债券。

（B）债券发行量为 380 亿金马克（合 19 亿英镑）。这些最迟须于 1921 年 11 月 1 日发行并交付。如本协议所规定的那样，协约国应可从德国提供的基金中每年取得一笔收入，每一年都从 11 月 1 日算起，这笔收入与所发行的债券之名义值的 6% 相等，其中每年应付的利息率为 5%，未结算的债券半年一付，偿债基金的余额用于每年按票面价值赎回这些债券。后面把这些债券称为（B）系列债券。

（C）债券发行量为 820 亿金马克（合 41 亿英镑），嗣后根据第（1）段的要求，通过发行和取消债券来进行调整。这些债券向赔款委员会发行，并交付给它，时间最迟不超过 1921 年 11 月 1 日，并无任何优惠；当德国按照本协议所给出的赔款足以支付这类债券的利息和偿债基金的支出时，它们应由赔款委员会发行。如本协议所规定的那样，协约国应可从德国提供的基金中每年取得一笔收入，每一年都从 11 月

1日算起，这笔收入与所发行的债券之名义值的6%相等，其中每年应付的利息率为5%，未结算的债券半年一付，偿债基金的余额用于每年按票面价值赎回这些债券。一旦赔款委员会发行这类债券，德国政府应为赔款委员会就这些债券提供优惠券。后面把这些债券称为（C）系列债券。

3. 出于使它们市场化的目的，第2款规定的这些债券应该以赔款委员会规定的形式和面值记为德国政府无记名债券，而且这些债券应免于德国目前或将来一切类型的税费。

根据《凡尔赛和约》第248款和第251款之规定，这些债券应由德意志帝国和德国前各邦国的全部资产与收入来保证，尤其是要受到本协议第7款规定的具体资产和收入保证。根据本计划，系列（A）、系列（B）和系列（C）债券应分别对上述资产和收入拥有的追索顺序是从第一到第三依次分别完成的，它们均应该由德国政府的支付来满足。

4. 德国应每年支付以下各款项，直到通过偿债基金的形式将第2款中规定的债券全部赎回为止。

（1） 20亿金马克（合1亿英镑）。

（2）（a） 根据赔款委员会的决定，在从1921年5月1日起以12个月为一期的每期当中，德国应支付相当于该期出口价值的25%。

（b） 或者，按照德国提出并为赔款委员会接受的任何其他指数而确定的同等金额；

（3） 在上述基础上每期进一步支付相当于出口价值1%的金额，或者，按照上述（b）中确定的同等数量的金额。

如果按照这一计划，除了有关未结算债券的债务之外，德国得以免除了所有其他债务，则根据本段所定每年须支付的数量，应降低到该年度为满足未结算的债券之利息和偿债基金的数量水平。

根据第 5 款之规定，上述第（I）段所要求的支付应在每一季度末按季度进行支付，也即分别在每年的 1 月 15 日、4 月 15 日、7 月 15 日和 10 月 15 日之前完成支付，上述第（2）和（3）段的支付也应按季度进行，时间分别是 11 月 15 日、2 月 15 日、5 月 15 日、8 月 15 日，根据上一季度的出口为基础进行计算，第一次支付时间为 1921 年 11 月 15 日。

5. 自本通告公布之日起 25 日内，德国应以黄金支付 10 亿金马克（合 5 000 万英镑），或对外发行三月期的德国国库券或汇票，德国银行对之进行背书，可以在伦敦、巴黎、纽约或赔款委员会指定的其他地方得到支付。这些支付可以视为按照第 4（1）款之规定所应偿还的前两个季度的分期付款。

6. 按照修正后的条约附记 II 第 12（d）段，自本通告发布之日起 25 日内，该委员会要建立一个特别的分会，即担保委员会。担保委员会将由协约国现在出任赔款委员会的代表组成，其中包括美利坚合众国的代表，政府亦可根据自己的意愿进行任命。

只要在本协议下发行的债券为某国国民持有的比例达到一定程度，那么，该国即有资格在担保委员会中拥有代表权，该委员会将吸纳其他国家的代表不超过三个。

7. 担保委员会要担负起确保《凡尔赛和约》第 241 款和第 248 款的实施之责。

它将在关于这些资金的第 2 款中规定的这类债券方面对上述条款的实施进行监督，这些资金是作为其中第 4 段对德国须给出的支付之保障。这些资金之来源应做如下分配：

(a) 德国所有海上和陆上海关关税之收益，其中尤其是所有进出口关税之收益。

(b) 对德国的出口之价值征收25%的税收收入，其中不包括那些根据第9款所规定的不予征收超过25%之税率的出口品。

(c) 这类直接或间接税，以及其他由德国政府提出同时也为担保委员会接受的资金之收入，在上述（a）或（b）中规定之外，或是对上述规定的资金之替代。

这些资金将汇到以担保委员会为名开设的账号，并由它来监督，其汇入的形式以黄金或委员会认可的外国货币为宜。第（b）段中与25%的税收等价的资金，应由德国政府用德国的通货向出口商进行支付。

德国政府有关任何可能会减少上述资金来源的举措之提议，均要通知担保委员会，如果委员会对这样的提议表示认可，德国政府可以用其他一些资金来源作为替代。

担保委员会要进一步担负起代理赔款委员会行《凡尔赛和约》第VIII部分附记2的第12（b）段规定的审查之责，如有矫正之必要，根据第4（2）款，对于德国政府给出的以便于计算每年支付金额的出口价值之大小，以及在此一条款下上述各类债券所提供的资金数额，担保委员会应进行审查和纠正。当赔款委员会认为有必要免除其职责时，赔款委员会在认为必要时有权采取措施，正当地解除担保委员会的这一职责。

担保委员会无权干预德国的内政。

8. 根据赔款委员会先前的批准，一旦任何一个协约国就该国遭受战争破坏地区的恢复而提出要求，或者为使任何一个协约国完成其工业或经济生活的恢复或发展，德国即应供应所需的物资和劳动力。所提供的这类物资和劳动力之价值，将由德国任命的一位价值评估员和利益相关国家任命的一位价值评估员来确定，在双方出现意见不一致时，由赔款委员会提名一位仲裁人来公断。有关价值评估的这一条款不适用于条约第 VIII 部分的附记 III、IV、V 和 VI 所要求交付的物资。

9. 对于 1921 年在英国生效的德国赔偿（复苏）法案，以及其他类似的由协约国颁布的类似法令，只要这些法令是有效的，德国即应不遗余力地采取一切必要的法律和行政手段，使之得以有效地运作。这类法令运作起来所产生的支付，应归于德国，这是因为按照第 4（2）款，这是其应进行支付的部分。德国政府使用本国货币将等价的价值支付给出口商。

10. 对于所有服务支付的费用、所有的实物交付，以及按照第 9 款所得的全部收入，应由协约国以现金或一月内可收到货款的订货单形式交付给赔款委员会，基于第 4 款，这是德国应予支付的部分，故应归于德国。

11. 在第 4（3）款下要支付的金额以及赔款委员会每年根据第 4（1）和（2）取得的剩余收入，并不要求对该年度未结算的债券收取利息和偿债基金，这笔钱应积累起来，直到赔款委员会认为适当的时候，由该委员会来支付从 1921 年 5 月 1 日到 1926 年 5 月 1 日每年不超过 2.5% 的单利，之后对所发行的债券未能覆盖的债务之余额支付不超过 5% 的利息。否则，有关于这些收入，无需支付利息。

12. 当前的计划并没有对确保《凡尔赛和约》实施的规定进行修改，这些条款同样适用于当前计划的那些条文。

附录 VIII. 1921 年 10 月 6 日的《威斯巴登协议》

本协议由卢舍尔先生和拉特瑙先生与 1921 年 10 月 6 日在威斯巴登签署，这份文件非常冗长，包括议定草案、备忘录和附件三个部分。其有效的那些条款，主要在附件中。文本的全部内容在英国白皮书［编号 1547］中出版。这份白皮书还包括：(1) 一份解释性的备忘录，(2) 赔款委员会的决议，以及（3）一份布拉德伯里提交给英国财政部的报告。下面给出的是对这三份文件的摘录。

i. 解释性备忘录

为求理解《威斯巴登协议》的安排，我们有必要牢记《凡尔赛和约》的某些条款，《威斯巴登协议》对这些条款做出了改变。

和约本身在赔款一章第VIII部分以及该章的有些附件中规定了对德国赔款债务的部分清算，可以通过实物的形式完成。在这方面的重要段落，是附记II的第19段和附记IV，这两段一起对通过赔款委员会向协约国及其盟国交付机器、设备、工具、重建物资，以及其他一般意义上的所有这类为使协约国得以恢复或发展其工业或经济生活的物资和劳动力，做出了更加宽泛的规定。

由于德国的债务是以黄金和商品来计算的，所以，有必要规定，在任何情况下，对于这类物资之价值，应由赔款委员会评估之后，以公平的价格对德国进行抵补。此外，协约国内部各政府之间达成的协议确定了针对德国的赔款收入各国所应占的份额，而各国所得到的实物赔款在比例上并不一定会与这一份额切实地保持一致，有鉴于此，在条约中有必要进一步规定，对于这些物资的价值，各国政府不仅有义务向德国，也有义务向赔款委员会进行解释说明。因此，一方面，和约就协约国与德国之间的情况进行规定，附加项下那些服务的价值应可抵补德国一般债务，支付计划把附记中规定的交付物资的价值归类为债券的收益所得，这些债券是德国将之作为其债务的担保而交付出去的。另一方面，和约规定，出于在协约国之间平等分配的考虑，附加的交付物资之价值应以该年中现金支付同样的方式估算，支付计划明确规定，每个协约国收到的交付物资之价值，在交付日期规定的一个月内，可以以现金或有效证券的方式支付给赔款委员会。

此外，和约赋予了赔款委员会不仅包括确定价格的职责，而且还有权决定德国交付任何协约国所需物品的能力，由此可以推知，它也有权判定那些根据协约国自身的情况做出的彼此形成竞争的要求。

《威斯巴登协议》规定，德国公司[1]应向法国的"战争受害者""在德国的生产能力之内提供生产设备和物资，同时也要考虑到德国自己的原材料供应和国内的需要"，也就是说，德国公司应供应附记 II 的第 19 段和附记 IV 要求下的各类商品项目和物资，而按照本协议的条款，就法国而言，这些商品项目和物资实际上已经暂停交付，不过德国在其他附记下规定的向法国偿付的义务并未受到影响。

关于德国须满足法国的要求之问题，以及一切关于价格之问题，都由三人委员会来解决，这三人一人来自法国，一人来自德国，第三个人由一般的协议或轮值国瑞士来提名。

按照协议需要交付的物资，以及按照附记 III、V 和 VI（后文为求简便，称之为"附记规定的交付物资"）规定要求在 1926 年 5 月 1 日前做出的物资交付之总价值，确定最高值为 70 亿金马克。

有关附记规定的交付物资，本协议完全没有对和约中规定的将该物资之价值记入德国贷方、同时记入法国借方账户进行修改，但是本协议特别给出了一些条款，这些条款构成了本协议财政方面的基础部分，规定把本协议要求的那些物资交付记入赔款账户。之所以设计出这些特别条款，是为了确保德国在交付期间将其中的一定比例记入赔款账户，那些不在这一比例之列的交付物资，可以称其为"多余交付"，应在始于

1　协议的此项安排规定，需要创立一家德国私营公司，在不受法国和德国政府干涉的条件下，直接处理此项制度，其意在避免执行这项制度时的拖沓，这方面的情况与当前政府机关的运行是密不可分的。由于这些物资交付显然是由德国政府来筹划完成的，最终将由与德国政府有账户往来的赔款信用来支付。

1926年5月1日的时间限度之内清算。这些条款本身盘根错节，把一系列合作上的限制综合到一起，需要对此作些说明。

(1) 在任何一个年度之内，要求德国交付附件规定的物资和协议规定的物资，加在一起总共不超过10亿金马克。

(2) 在任何一个年度之内，要求德国交付的物资价值不超过协议规定的物资价值的45％，或者如果协议中规定的物资交付价值超过了10亿金马克，则要求德国交付的物资价值不超过协议规定的物资价值的35％。

上述这些条款的结果是要规定，协议约定的**最低**应交付的物资价值中有55％（如果协议推行一切顺利，或可达65％）将会以分期付款的方式展期支付。如果协议约定的物资交付确实很高，那么，延后支付的比例将超过65％这个比例。

超出约定部分的物资交付额，以每年5％的利息率偿付，从1926年5月1日起每年分十次进行分期付款，这部分须满足以下条件：

(1) 当这些部分物资的价值在同年内加上了附件规定的物资交付额时，这些物资的价值会使法国在这一年所享受的权利超出了德国支付的总赔款中法国应占的份额（52％），如此，则法国绝不可将这一数量的协议约定物资交付额记入借方。

(2) 1926年5月1日之后，协议约定的物资交付继续按照延后支付同样的条款来实施。如果在1926年5月1日到1936年5月1日之间的任何一年当中，该年协议约定的应由德国交付的物资价值，连同要以分期付款形式偿还的截止于1926年5月1日那一时期应该偿还的债务，若然超过10亿金马克，则超出部分逐年继承，直到再无这样的超额债务需要偿还为止。但是，即使这个数额不到10亿金马克，它也绝不能超出前述条件所设定的限度。

(3) 1936年5月1日未归于德国的任何余额，均应在1936年6月30日和12月31日，以及1937年6月30日和12月31日，以半年为一期，根据5%的复利进行计算之后，返还德国。但是，再一次指出，如果得到的结果超出了前述条件1所设定的限度，则这些半年期的支付不应做出。

(4) 不过，1936年5月1日之后，只要执行协议约定的物资交付导致法国所获得权益超过条约附记规定的物资支付中德国年赔款额的52%，则德国即有权停止支付，否则即无限期延续下去。

通过上面的解释，以下几点值得注意，虽然协议规定应予交付的物资量在前五年是有一个限度的，但是：

(1) 并没有规定，法国对这些特定物资拥有的权利何时自动终止。

(2) 对于协议存续期间，法国可以要求获得物资之价值，并没有给出最终限制。

(3) 没有明确规定德国欠法国的债务以及欠其他法国盟国的赔款应予清算的时间。

在这一支付计划下，还有一个相对次要的有关财政特征的问题，有必要加以关注。德国每年赔款义务中有一部分是由德国在12个月为一期的每期当中出口价值的26%所构成，有关这一支付的部分担保是对所有德国的出口品价值征收得来的25%的收益。德国政府向赔款委员会提交了一份申请，这份申请也得到了法国的支持，它请求在构成对这两部分进行计算之基础的出口中，仅纳入任何一个特定年份根据协议计入德国的贷方、记入法国借方的那部分物资交付之价值。

假设根据协议所做的这类特定物资支付中的任何部分，在本协议无效时，原本是可以转到德国一般的对外贸易上去的，如果真是那样的话，我们所期待的这种让步，就会起到降低德国每年的支付额这种作用，而这也是对全体协约国都有利的一个结果。

ii. 在 1921 年 10 月 6 日的法德协议之后赔款委员会于 1921 年 10 月 20 日所做的决议

按照法国和德国政府的代表于本月 6 日在威斯巴登签署的协议后附的备忘录第 3 段，法国政府将该协议呈交给了赔款委员会，赔款委员会目前做出如下决议：

(1) 为了使德国能以商品或劳务的形式最大可能地偿付其赔款债务，尤其是为了能够加速受到战争破坏地区的恢复工作，通过一些特殊的安排，来达成这样的目标，就这一协议背后的一般原则来说，赔款委员会完全认同。

(2) 同时，赔款委员会也认为，这一协议中的内容，背离了对《凡尔赛和约》的第 VIII 部分之规定，尤其是其中的第 237 款、附记 II 的第 12 和第 19 段以及附记 IV 的第 5 段。

(3) 由于赔款委员会无权对这些背离的内容进行授权，所以，委员会决定将此问题交给会中的各国政府来处理，将这一备忘录及其附记之副本，交予各国政府，供其裁决。

(4) 赔款委员会建议，如果这一协议可以有效实施，则在接下来若干年内法国可能得到的额外的实物交付之价值，若然带来了延期支付方面的合乎情理的好处，则这些好处应该归于法国，但条件是不得危害到其他协约国认为的需要予以保护的本国利益。

iii. 约翰·布拉德伯里爵士提交给英国政府的报告中所给出的结论性建议

我在赔款委员会中的意大利和比利时同事以及我自己都认为有必要提出一些保护性的条款，我们认为，我们所代表的各国政府是有其意愿提出以下这些保护性的措施，并将其明确在协议中写明：

(1) 应该设定限期，在这个限期结束之后，对于应予偿还的收入不得再进行新的延期，而且对既有的延期债务之清算也应该按照惯例由每年的分期付款来完成。

这个限期的准确长度应该根据完成重建的主要工作所需的必要时间之估计来确定，要考虑到德国进行必要的物资供给所需要的时间。考虑到完成这一规模的供给，总会有些迟延，所以，规定的期限可能要长于原来在协议中定下的四年半的最初打算，这样似乎更合理一些，但最长不应超过七年。

(2) 无论如何，暂时延后的应归到法国账户的总额，决不允许超过预先规定的值，比如40亿金马克。

(3) 对于法国间或打入总的赔款账户中的收入（在目前未完成的延期债务的额度以内），应当插入一项规定，要求其额度应可确保其他协约国也能在这一支付计划下收到德国支付的赔款中自己应得的份额。

引入这些保护性条款之后，人们也就没有其他正当的异议了，协议所深思熟虑的那些安排，有望在比较现实的方向上，加速赔款问题的解决，其所采取的方式，可望既有利于法国，同时又不会对其他协约国的利益造成忽视，也正是在这一基础上，赔款委员会最终一致同意把它们作为第一方案，推荐给各协约国政府。

如果协约国政府批准了这一总的方案，无论它们认为那些保护性条款是否有其必要，赔款委员会仍然有余地去考虑某些相对次要的条款——这些条款包括：

(1) 在这一支付方案下，从判定每年债务额的指标中删去超额物资交付部分，直到这些物资最终进入到以赔款为目的的账户当中。

(2) 涉及在某些情况下的货币支付问题时，关于法国有权根据其地位要求赔偿的条款，给出一些特别的安排取而代之。

（3）关于煤炭的交付以及记入贷方和借方的价格方面，需做出特别的规定，其中有几项会影响到其他国家的利益。

附录 IX. 协约国政府间债务表

表 8(A)　美国政府借给其他国家政府的款项（时在 1921 年 7 月）

（单位：美元）

	自由贷款法案下授予的信贷额[1]	战争物资出售余额	食品救济金	粮食企业	截至 1921 年 7 月累计且未支付的利息[2]	总债务[2]
美国	—	—	8 028 412.15	3 931 505.34	—	11 959 917.49
奥地利	—	—	—	24 055 708.92	—	24 055 708.92
比利时	347 691 566.23	27 588 581.14	—	—	34 000 000	409 280 147.37
古巴	9 025 500.00	—	—	—	—	9 025 500.00
捷克斯洛伐克	61 256 206.74	20 621 994.54	6 428 089.19	2 873 238.25	6 000 000	97 179 528.72
爱沙尼亚	—	12 213 377.88	1 785 767.72	—	—	13 999 145.60
芬兰	—	—	8 281 926.17	—	—	8 281 926.17
法国	2 950 762 938.19	400 000 000.00	—	—	284 000 000	3 634 762 938.19
英国	4 166 318 358.44	—	—	—	407 000 000	4 573 318 358.44
希腊	15 000 000.00	—	—	—	—	15 000 000.00
匈牙利	—	—	—	1 685 835.61	—	1 685 835.61
意大利	1 648 034 050.90	—	—	—	161 000 000	1 809 034 050.90
拉脱维亚	—	2 521 869.32	2 610 417.82	—	—	51 322 787.14
利比里亚	26 000.00	—	—	—	—	26 000.00
立陶宛	—	4 159 491.96	822 136.07	—	—	4 981 628.03
波兰	—	59 636 320.25	51 671 749.56	24 353 590.97	—	135 661 660.58
罗马尼亚	23 205 819.52	12 922 675.42	—	—	2 500 000	38 628 494.94
俄国	187 729 750.00	406 082.30	4 465 465.07	—	19 000 000	211 601 297.37
塞尔维亚	26 175 139.22	24 978 020.99	—	—	3 500 000	54 653 160.21
总计	9 435 225 329.24	565 048 413.80	84 093 963.55	56 899 879.09	943 500 000	11 084 767 585.68

1. 这是净值，且在时间上只截止到 1921 年 7 月，其中主要两项是法国的 7 800 万美元、英国的 1.11 亿美元。

2. 这两列最后一行所给出的总额包含了那些没有进入到各自列细目的利息项。若考虑到 1922 年 2 月增加的利息，则还要在这个数额上再添上 2.5 亿美元。

表9 英国政府借给其他国家政府的款项(时在1921年3月)

协约国政府[1]	英镑	先令	便士
法国	557 039 507	6	8
俄国	561 402 234	18	5
意大利	476 850 000	0	0
比利时	103 421 192	8	9
塞尔维亚	22 247 376	12	5
黑山	204 755	19	9
罗马尼亚	21 393 662	2	8
葡萄牙	18 575 000	0	0
希腊	22 577 978	9	7
比属刚果	3 550 300	0	0
小计	1 787 262 007	18	3
救济金贷款	英镑	先令	便士
奥地利	8 605 134	9	9
罗马尼亚	1 294 726	0	8
塞尔维亚-克罗地亚-斯洛文尼亚王国	1 839 167	3	7
波兰	4 137 040	10	1
捷克斯洛伐克	417 392	3	3
爱沙尼亚	241 681	14	2
立陶宛	16 811	12	4
拉脱维亚	20 169	1	10
匈牙利	79 997	15	10
亚美尼亚	77 613	17	2
多瑙河协约国内部委员会	6 868	17	6
小计	16 736 603	6	2
其他贷款（寄存等）	英镑	先令	便士
捷克斯洛伐克	2 000 000	0	0
亚美尼亚	829 634	9	3
小计	2 829 634	9	3
总计	1 806 828 245	13	8

1. 除了比利时和塞尔维亚的情况（英国未对这两个国家索取利息）之外，这些账目均包括了利息；至于俄国，自从1918年1月以来已经不再有利息可计了。

附录 X. 1922年1月13日延缓偿付期的戛纳规定[1]

戛纳会议结束之际，赔款委员会发布了如下公报：

---

1 第X个附录文件为原书所无，现根据剑桥大学出版社出版的《约翰·梅纳德·凯恩斯全集》补入。——译者注

赔款委员会决定允许德国政府对 1922 年 1 月 15 日和 2 月 15 日到期的分期付款暂时予以延期（范围不包括已经做出的现金支付或可以以现金做出的支付，以及在赔款复苏方案下所收到的实物收入，或可以在到期日之前收到的实物收入），须受以下条件限制：

（a） 在延期支付期间，德国政府应该以各方认可的外国货币，每 10 天支付 3 100 万金马克，第一笔款项须在 1922 年 1 月 18 日支付。

（b） 在 15 天之内，德国政府应该向委员会提交一份预算和货币改革方案，应找到合适的担保人，并提供一份完备的关于 1922 年的现金或实物支付计划。

（c） 延期支付的时期应在委员会或协约国政府就（b）中所述之方案和计划做出决议后立即终止。

除非在其决议中另有规定，在延期支付期间实际支付的金额与同一时期按照支付计划应予支付的金额之间的差额，应该在赔款委员会或协约国政府决议之日起 15 日内到期进行支付，具体视情况而定。

当赔款委员会收到上述方案和计划时，赔款委员会应立即转交给各协约国政府，这样各协约国政府才能够自己来处理这一事务，或者返交委员会，由后者处理。

索　引

Allied debts, 109 f., 118 f., 154	协约国的债务
Armistice negotiations, 94, 95 f.	停战谈判
Army of occupation, expenses of, 54 n, 86 f., 90, 123	占领军的军费支出
Austria, 83, 122, 123	奥地利
Balfour, A.J., 95 n 3	A.J. 贝尔福
Baruch, 46 n 2, 68 n i, 99, 100, 102, 103 n 1	巴鲁奇
Belgian priority, 86 – 87, 89 – 90, 122, 131	比利时享有的优先权
Reparation claims, 79, 127	比利时的赔款要求
Boulogne Conference, 11	布伦会议
Boyden, 71, 84	博伊登
Bradbury, Sir John, 59, 61, 82 n, 83, 148	约翰·布拉德伯里爵士
Brenier, 70, 75 n 3	布伦尼尔
Briand, 15, 16, 25 – 26, 44, 73	白里安
British Reparation Claims, 80, 136	英国的赔款要求
Brockdorff-Rantzau, 17, 18	布洛克道夫-伦卓
Brussels Conference (Experts), 13 – 14	布鲁塞尔（专家）会议
Brussels Conference (League of Nation), 55	布鲁塞尔（国联）会议
Brussels Conference (premiers), 11	布鲁塞尔（首脑）会议

Bulgaria, 88, 122	保加利亚
Clemenceau, 54 n 2, 69, 96, 97	克里蒙梭
Coal, 28 ff., 48, 62 - 63	煤炭
Cunliffe, Lord, 46, 100	坎利夫勋爵
Curzon, Lord, 36 n	科茨恩勋爵
D'abernon, Lord, 19	达博纳勋爵
Decisions of London, 61	伦敦决议
Disarmament of Germany, 9 - 11	德国裁军
Dominion Prime Ministers Conference, 89 n 1	英联邦自治领首脑会议
Doumer, 71, 91	多摩尔
Dubois, 70 - 71, 73 n, 82 n	杜布伊斯
Dulles, John Foster, 101	约翰·福斯特·杜勒斯
East Prussia (plebiscite), 6	东普鲁士的公投
Economic Consequence of the peace, 2, 24, 28, 32 - 33, 34 n, 46 n 1, 47 n 2, 68, 69, 73, 76, 80, 81 n, 93, 94 n, 107, 111	《〈凡尔赛和约〉的经济后果》
Elsas, Dr Moritz, 56, 57, 59 n 1	莫里茨·艾尔莎博士
Exports, German, 50 - 52, 63, 106 - 107	德国的出口
Financial, Agreement of Paris (August 1921), 87, 90 - 91	《巴黎财政协议》(1921 年 8 月)
Fournier-Sarloveze, 74 n	福尼尔-萨尔洛维兹
Frankfurt, Occupation of, 9, 36	占领法兰克福
French Reparation Claim, 69 ff., 75 - 79	法国的赔款要求
Foch, Marshal, 19, 20, 36, 95 n 3	福煦元帅
Forgeot, 44 n	佛吉奥特
George, Lloyd, 1, 10, 11, 13, 16, 18 ff., 25, 54 n 2, 78, 88 n, 2 89, 97, 100, 115	劳合·乔治
German budget, 52 f.	德国的预算

German counter-proposal (March 1921), 18–20　德国的驳议（1921年3月）
German counter-proposal (April 1921), 22 f., 139–141　德国的驳议（1921年4月）
German individual income, 55 f.　德国的个人收入
German property in United State, 50, 92　处在美国境内的德国的财产
Gladstone, 3　格莱斯顿
Guarantees, Committee of, 43 f.　担保委员会

Haig, Sir Douglas, 95 n　道格拉斯·黑格爵士
Harding, President, 110　哈丁总裁
Heichen, Dr Arthur, 56　阿瑟·海琴博士
Helfferich, 57, 58　海尔弗里奇
History of the peace Conference of Paris 95. n 2, 98 n 2, 103 n 1　《巴黎和会史》
House, Col., 95 n 3　豪斯上校
Hughes, W.M., 100　W.M. 休斯
Hungary, 123　匈牙利
Hymans, 97　海曼斯
Hythe Conference, 11　海斯会议

Invasion of Germany, 19, 20, 22　侵占德国
Italian Reparation Claims, 81, 137　意大利的赔款要求
Italy, 122　意大利

Kaiser, trial of, 8　审判德国皇帝
Kapp, "Putsch", 9　卡普"政变"
klotz, 15, 36, 70, 71, 95, 97, 98　克劳茨

Lamont, J.W., 68 n 1, 104 nn　J.W.拉芒特
Lansburgh, Dr Albert, 56　阿尔伯特·兰兹伯格博士
Law, Bonar, 97　博纳尔·劳
League of Nations, 6–7, 38–40, 121　国际联盟
Leipzig trials, 8　莱比锡审判
Lery, Raphaël-Georges, 76 n　拉斐尔-乔治·李维

173

Leygues, 13, 14	乔治·莱格
Lignite, 34f.	褐煤
London Conference I, 17, 21	第一次伦敦会议
London Conference II, 25	第二次伦敦会议
London Settlement, 41f., 46, 47, 52, 54 nn. 83, 121, 143	《伦敦和解方案》
London Ultimatum I, 18 - 19, 22, 138 f.	第一次伦敦最后通牒
London Ultimatum II, 9, 11, 19 n 2, 26, 27, 36, 142 f.	第二次伦敦最后通牒
Loucheur, 19, 59, 61, 70, 71 and n 3, 75, 77 n 1	卢舍尔
Loucher-Rathenau Agreement; see Wiesbaden Agreement	《卢舍尔-拉特瑙协议》；参看《威斯巴登协议》
Mark exchange, 52 - 53, 64 ff.	马克汇率
Mercantile marine of Germany, 9, 88	德国的商业船只
"Mermeix", 95 n 3, 96 n 2	"莫美克斯"
Millerand, 12, 13	米勒兰
Newspaper opinion, 4	新闻舆论
Nitti, 10	尼蒂
Occupation, Army of, 54 n 2, 85, 90	占领军
Occupation of Germany, 121, 138, 142, legality of, 20, 25 f., 36 ff.	占领德国 占领德国的合法性
Orlando, 97	奥兰多
Paris Decisions 11, 14 - 17, 20, 21, 24, 25, 36, 134 f.	巴黎决议
Payment in kind, 62 - 63, 108	以实物进行支付
Pensions, 80, 94 ff., 119	抚恤金
Poincaré, 15, 69, 82, 83	普恩加莱
Poland, 123 f.	波兰
coal, 32 - 3	波兰的煤炭
Private opinion, 3, 4	百姓私下里的意见

Rathenau, 59, 61	拉特瑙
Reparation bill, 24–25, 68 ff., 119	赔款账单
Reparationbonds, 41 ff., 65, 134, 143 ff.	赔款债券
Reparationclaims, 81 f., 136 f.	赔款要求
Reparation Commission, 13, 20, 21, 28, 29, 37, 38, 41, 42 n, 43, 46, 60, 68, 70, 76, 81, 100, 143ff., 151–152	赔款委员会
Assessment of, 82, 141–142	赔款委员会的评估结果
Reparation, estimates of, 24, 46	对赔款的估计值
Reparation and international trade, 105 ff.	赔款与国际贸易
Reparation receipts, division of, 88 ff., 131	赔款收入的分配
Restitution, 9, 96–7	物归原主
Revision of Treaty, 119 ff.	《条约的修正》
Ruhr, occupation of, 22, 25, 36, 133	占领鲁尔区
riots in, 9	发生鲁尔地区的骚乱
San Remo Conference, 9, 10	圣雷莫会议
Sanctions, 20, 22, 36 n	制裁
Schleswig (plebiscite), 6	石勒苏益格的公投
Simons, 17, 18, 19, 24 n 1, 138	西蒙斯
Smuts, General, 103	史末资将军
Sonnino, 97	索尼诺
Spa Coal Agreement, 28 f., 65, 85, 87, 132	《斯帕煤炭协议》
Spa Conference, 11, 12, 28, 88, 131	斯帕会议
Sumner, Lord, 100	萨姆纳勋爵
Tardieu, 15, 16, 38, 46, 68 nn, 69 n, 73 n, 75, 77 nn 1, 3, 88 n 2, 89, 95, 96 n 1, 97 n 1, 98, 99	塔尔迪厄
The Times, 10, 12, 13, 16, 19 n, 20 n, 34 n 2, 64, 70, 75 n 3	《泰晤士报》

United States, 22, 23, 50 n, 92	美国
and inter-allied debats, 109, 117, 124 ff., 154	美国与协约国内部债务
Treaty rights of towards Germany, 50, 84, 90, 91	条约规定美国享有的对德权利
Upper Silesia, 6, 18, 20, 24, 32 f.	上西里西亚
Westphalian riots, 9	威斯特伐利亚地区的骚乱
Wiersbicki, 33	威尔斯比基
Wiesbaden Agreement, 49, 59 ff., 120, 147	《威斯巴登协议》
Wilson, President, 94 f., 97, 99, 100, 101, 103, 104	威尔逊总统
Young, Allyn, 2 n	艾伦·杨格

译者跋

约翰·梅纳德·凯恩斯是二十世纪当之无愧的伟大经济学家和重要思想家，其经济思想对今天世界各国的经济政策制定仍然有着相当的影响。

凯恩斯生前一共出版过九部著作，分别是：《印度的通货与金融》，《〈凡尔赛和约〉的经济后果》，《论概率》，《条约的修正》，《货币改革略论》，《货币论》（上下册），《劝说集》，《传记文集》，《就业、利息和货币通论》。此外，他还出版过六本小册子作品。译者在研习经济思想史时，发现凯恩斯著作的汉译本虽然很多，但多是对其中几本名著如《就业、利息与货币通论》和《货币论》的重译，而诸如《货币改革略论》和《论概率》这类反映其思想渊源与流变的重要著作，却付诸阙如。经过几年的阅读和准备，译者这才起心动念，打算在前人译本的基础上，提供一套较为完备的凯恩斯生前审定出版之著作的中文译本。

凯恩斯先生是一代英文大家，译者虽然不辞辛劳，心里存着追慕远哲、裨益来者的决心，但是才疏学浅，译文中的错讹之处必多。祈望海内外学人，对于译文能够多予教诲，译者先在这里表达一下感激之情。

李井奎

写于浙江工商大学·钱塘之滨

图书在版编目(CIP)数据

条约的修正/(英)约翰·梅纳德·凯恩斯著;李井奎译.—上海:复旦大学出版社,2024.4
(约翰·梅纳德·凯恩斯文集)
书名原文:A Revision of the Treaty
ISBN 978-7-309-16601-9

Ⅰ.①条… Ⅱ.①约… ②李… Ⅲ.①凯恩斯主义-研究 Ⅳ.①F091.348

中国国家版本馆 CIP 数据核字(2023)第 215432 号

本书据 MACMILLAN AND CO., LIMITED 出版公司 1922 年版 *A Revision of the Treaty* 译出。
中文简体翻译版由译者授权复旦大学出版社有限公司出版发行,版权所有,未经出版者预先
书面许可,不得以任何方式复制或发行本书的任何部分内容。

条约的修正
[英]约翰·梅纳德·凯恩斯 著
李井奎 译
责任编辑/谷 雨
装帧设计/胡 枫

复旦大学出版社有限公司出版发行
上海市国权路 579 号 邮编:200433
网址:fupnet@fudanpress.com http://www.fudanpress.com
门市零售:86-21-65102580 团体订购:86-21-65104505
出版部电话:86-21-65642845
上海盛通时代印刷有限公司

开本 787 毫米×960 毫米 1/16 印张 12.25 字数 152 千字
2024 年 4 月第 1 版
2024 年 4 月第 1 版第 1 次印刷

ISBN 978-7-309-16601-9/F·3006
定价:88.00 元

如有印装质量问题,请向复旦大学出版社有限公司出版部调换。
版权所有 侵权必究